电子商务新趋势：
智能时代的创新与变革

蔡玉琴　著

合肥工业大学出版社

前　言

随着科技的飞速进步，我们已然迈入智能时代。人工智能、大数据、区块链、虚拟现实与增强现实等前沿技术正以前所未有的速度与电子商务深度融合，催生出一系列令人瞩目的创新与变革。

电子商务的发展历程波澜壮阔，从最初的萌芽状态到如今的繁荣景象，每一个阶段都见证了人类的智慧与创造力。传统电子商务模式在为人们带来便利的同时，也逐渐显露出一些局限性。而智能时代的来临，为电子商务带来了新的契机，开启了一场全新的革命。

本书共六个章节。第一章为电子商务的发展历程与现状，首先追溯了电子商务的起源与发展历程，接着分析了传统电子商务的优势与不足，最后探讨了智能时代为电子商务带来的新契机。第二章为人工智能在电子商务中的应用，详细介绍了智能商品推荐系统的原理与优势，阐述了人工智能客服的高效运作模式以及基于人工智能的市场预测与分析。第三章为大数据驱动的电子商务决策，强调了大数据的采集与整合在电商中的重要性，利用大数据构建精准用户画像，大数据驱动的营销策略创新以及大数据对供应链管理的优化作用。第四章为智能物流的创新与发展，探讨了无人机、无人车等智能配送工具的现状与前景，介绍了物流路径优化与实时跟踪系统，探讨了智能仓储系统的高效运作模式。第五章为虚拟现实与增强现实购物体验，展示了VR/AR技术在电子商务展示中的创新应用，分析了消费者对虚拟购物的接受度与反馈，以及其对商品展示和销售转化率的影响。第六章为区块链保障电子商务安全，介绍了区块链技术的基本原理与特点，阐述了确保交易安全与数据隐私保护的机制以及区块链对打击假冒伪劣的重要意义。

为了确保研究内容的丰富性和多样性，作者在写作过程中参考了大量相关资料，在此向涉及的专家学者表示衷心的感谢。最后，由于作者水平有限，加之时间仓促，本书难免存在一些疏漏，在此，恳请读者朋友批评指正！

作　者

2024 年 10 月

目　录

第一章　电子商务的发展历程与现状

第一节　电子商务的起源与发展历程

一、电子商务的起源

（一）早期的商业交流与通信技术

1. 古代商业交流中的通信方式

（1）徒步与口信传递

在远古时期，商业活动主要依赖于徒步的商人。他们穿梭于不同的地区，通过口信传递商业信息。这种方式虽然简单直接，但效率低下，信息的准确性也难以保证。商人往往需要花费大量的时间和精力在旅途中，而且口信容易在传递过程中出现误解或遗漏。

（2）符号与标记

为了更有效地传递信息，古代商人开始使用符号和标记。例如，在古埃及，商人使用特定的符号来表示商品的种类和数量。这些符号可以刻在石头、陶器或木板上，作为商业交易的记录和凭证。符号与标记的使用在一定程度上提高了信息传递的准确性和可靠性，但它们的局限性也很明显，只能传递简单的信息，无法进行复杂的交流。

（3）书信传递

随着文字的发展，书信成了古代商业交流中的重要通信方式。商人可以通过书信向远方的贸易伙伴传达详细的商业信息，包括商品需求、价格、交货时间等。书信的传递通常依赖于邮政系统或私人信使。在古代罗马，邮政系统已经相当发达，为商业书信的传递提供了便利。然而，书信传递的速度仍然较慢，而且容易受到天气、战争等因素的影响。

2. 中世纪的商业通信发展

（1）商业行会与信息共享

中世纪时期，商业行会的兴起为商业交流提供了新的平台。商业行会是由同一行业的商人组成的组织，他们通过行会内部的交流和合作，共享商业信息和资源。行会成员可以在行会会议上交流市场动态、商品价格、贸易路线等信息，从而更好地开展商业活动。商业行会的信息共享机制在一定程度上提高了商业交流的效率和准确性。

（2）航海与贸易路线的拓展

中世纪时期，航海技术的发展使得贸易路线得到了极大的拓展。商人可以通过海上贸易将商品运往遥远的地区，从而扩大了商业活动的范围。在航海过程中，商人需要依靠航海图、指南针等工具来确定航线和位置，同时也需要与其他船只进行通信，以获取最新的市场信息和天气情况。航海与贸易路线的拓展促进了商业交流的全球化，为电子商务的发展奠定了基础。

（3）驿站与信使服务

为了加快商业信息的传递速度，中世纪时期的各国政府纷纷建立了驿站系统。驿站通常位于重要的交通要道上，为信使和旅客提供住宿、饮食和马匹更换等服务。信使可以通过驿站系统快速地传递商业信件和情报，从而提高了商业交流的效率。此外，一些私人信使服务也开始出现，为商人提供更加便捷和个性化的通信服务。

3. 近代通信技术的革命

（1）电报的发明与应用

19世纪，电报的发明彻底改变了商业通信的方式。电报利用电磁信号可以在瞬间传递信息，大大提高了信息传递的速度和效率。商人可以通过电报快速地了解市场动态、商品价格、订单情况等信息，从而及时做出商业决策。电报的应用使得商业交流更加便捷和高效，为电子商务的发展提供了重要的技术支持。

（2）电话的出现与发展

20 世纪初，电话的出现进一步加强了商业交流的即时性和便利性。商人可以通过电话直接进行沟通和协商，加快了商业决策的速度。电话的发展也使得商业信息的传递更加准确和可靠，减少了误解和纠纷的发生。随着电话技术的不断进步，商业通信的范围也不断扩大，从本地通话到长途通话，再到国际通话，电话成了商业交流中不可或缺的工具。

（3）无线电通信的崛起

20 世纪中叶，无线电通信的崛起为商业交流带来了新的机遇。无线电通信可以实现远距离的无线通信，不受地理条件的限制。商人可以通过无线电通信设备与远方的贸易伙伴进行实时的沟通和交流，获取最新的市场信息和商业动态。无线电通信的应用使得商业交流更加灵活和便捷，为电子商务的发展提供了更广阔的空间。

（二）EDI（电子数据交换）的诞生

1. EDI 的诞生背景

（1）传统商业交易的痛点

在 EDI（电子数据交换）诞生之前，商业交易主要依赖纸质文档和人工处理。这种方式存在诸多痛点，如处理速度慢、容易出错、成本高昂等。企业之间的订单、发票、运输通知等商业文档需要通过邮寄或传真等方式进行传递，然后由人工进行录入和处理。这不仅耗费大量的时间和人力成本，还容易出现数据录入错误、文档丢失等问题。

（2）计算机技术的发展

20 世纪 60 年代，计算机技术开始迅速发展。计算机的出现为商业交易的自动化提供了可能。企业开始意识到可以利用计算机来处理商业数据，提高交易效率和准确性。同时，计算机网络技术的发展也为企业之间的数据交换提供了新的途径。

（3）行业需求的推动

一些行业，如制造业、零售业和物流等，对商业交易的效率和准确性要求较高。这些行业的企业迫切需要一种更加高效、准确的商业数据交换方式。在这种需求的推动下，EDI（电子数据交换）应运而生。

2. EDI 的发展历程

(1) 早期探索阶段（20 世纪 60 年代－70 年代）

在 20 世纪 60 年代，一些企业开始尝试利用计算机进行商业数据的处理和交换。当时的技术主要是基于专用的计算机系统和网络，数据交换的格式和协议也各不相同。这一阶段的 EDI 应用主要局限于一些大型企业之间，而且成本较高，普及程度较低。

(2) 标准化阶段（20 世纪 70 年代－80 年代）

随着 EDI 应用的逐渐增多，标准化的问题变得越来越重要。为了实现不同企业之间的数据交换，需要制定统一的 EDI 标准。在这一阶段，国际标准化组织（ISO）和一些国家的标准化机构开始制定 EDI 标准，如 ANSI X.12 和 EDIFACT 等。这些标准的制定为 EDI 的广泛应用奠定了基础。

(3) 普及阶段（20 世纪 80 年代－90 年代）

随着计算机技术和网络技术的不断发展，EDI 的成本逐渐降低，普及程度也越来越高。在这一阶段，EDI 开始广泛应用于制造业、零售业、物流等行业。同时，一些 EDI 服务提供商也开始出现，为企业提供 EDI 解决方案和服务。

(4) 与互联网融合阶段（20 世纪 90 年代－当前）

20 世纪 90 年代，互联网的迅速发展为 EDI 带来了新的机遇和挑战。EDI 开始与互联网融合，出现了基于互联网的 EDI 解决方案。这种解决方案利用互联网的开放性和低成本优势，为企业提供更加便捷、高效的 EDI 服务。同时，随着电子商务的兴起，EDI 也成为电子商务的重要组成部分，为企业之间的电子交易提供了技术支持。

3. EDI 的技术特点

(1) 标准化

EDI 采用标准化的商业文档格式和数据交换协议，确保不同企业之间的数据能够准确无误地传输和解读。标准化的好处在于可以提高数据的兼容性和互操作性，降低数据交换的成本和风险。

(2) 自动化

EDI 可以实现商业文档的自动化传输和处理，减少了人工干预，提高了数据的准确性和处理效率。企业可以通过 EDI 系统自动接收和发送商业文档，无须人工录入和处理，大大节省了时间和人力成本。

（3）安全性

EDI 采用加密和数字签名等技术手段，确保商业数据的安全性和保密性。加密技术可以防止数据在传输过程中被窃取或篡改，数字签名技术可以确保数据的真实性和完整性。

（4）实时性

EDI 可以实现商业数据的实时交换，使企业能够及时了解交易状态和市场动态。实时性的好处在于可以提高企业的决策效率和响应速度，降低库存成本和风险。

4. EDI 的应用领域

（1）制造业

在制造业中，EDI 主要应用于供应链管理。企业可以通过 EDI 与供应商进行订单、发票、运输通知等商业文档的交换，实现供应链的协同运作。EDI 可以提高供应链的效率和准确性，降低库存成本和风险。

（2）零售业

在零售业中，EDI 主要应用于订单处理和库存管理。零售商可以通过 EDI 与供应商进行订单的发送和确认，实现快速补货。同时，EDI 也可以用于库存管理，实时了解库存水平和销售情况，优化库存结构。

（3）物流行业

在物流行业中，EDI 主要应用于运输管理和货物跟踪。物流企业可以通过 EDI 与客户和运输公司进行运输通知、货物跟踪等信息的交换，提高物流服务的质量和效率。

（4）金融行业

在金融行业中，EDI 主要应用于电子支付和结算。银行和金融机构可以通过 EDI 与企业进行电子支付和结算，提高资金的流转速度和安全性。

5. EDI 对电子商务的影响

（1）提高交易效率

EDI 可以实现商业文档的自动化传输和处理，大大提高了电子商务的交易效率。企业可以通过 EDI 系统快速地完成订单处理、发票开具、支付结算等交易环节，缩短交易周期，提高资金的流转速度。

（2）降低交易成本

EDI 可以减少人工干预，降低交易成本。企业无须花费大量的时间和人力成本进行纸质文档的处理和传递，同时也可以降低邮寄、传真等费用。此外，EDI 还可以提高数据的准确性，减少因数据错误而导致的成本损失。

（3）增强交易安全性

EDI 采用加密和数字签名等技术手段，确保商业数据的安全性和保密性。这对于电子商务来说至关重要，因为电子商务涉及大量的商业机密和个人信息。EDI 的安全性可以增强消费者对电子商务的信任度，促进电子商务的发展。

（4）促进供应链协同

EDI 可以实现供应链的协同运作，提高供应链的效率和准确性。企业可以通过 EDI 与供应商、客户、物流企业等进行信息的交换和共享，实现供应链的可视化和协同管理，这有助于降低库存成本、提高客户满意度，促进电子商务的可持续发展。

（三）ARPANET 与互联网的起源

1. ARPANET 的诞生背景

（1）冷战时期的军事需求

20 世纪 60 年代，正值冷战时期，美国和苏联之间的紧张关系不断升级。在这种背景下，美国国防部担心其军事通信系统可能会在核战争中遭到破坏，因此需要建立一个更加可靠和分散的通信网络。这个需求成了 ARPANET 诞生的主要驱动力。

（2）计算机技术的发展

与此同时，计算机技术也在迅速发展。大型计算机开始在科研机构和企业中得到广泛应用，计算机之间的通信需求也日益增长。然而，当时的计算机通信主要依赖于专用的线路和协议，不同计算机之间的兼容性较差，难以实现大规模的网络连接。

（3）学术研究的推动

除了军事需求和计算机技术的发展，学术研究也对 ARPANET 的诞生起到了推动作用。一些科学家和工程师开始思考如何利用计算机网络来实现资源共享和协同工作。他们的研究成果为 ARPANET 的设计和实现提供了理论基础。

2. ARPANET 的发展历程

（1）概念的提出与项目启动

1962 年，美国国防部高级研究计划局（ARPA）的一位工程师利克里德（J. C. R. Licklider）提出了"银河网络"（Galactic Network）的概念，设想建立一个全球性的计算机网络，实现信息的快速传输和共享。这个概念为后来的 ARPANET 的建设奠定了基础。

1969 年，ARPA 启动了 ARPANET 项目，将美国四所大学的计算机连接起来，形成了一个小型的网络。这四所大学分别是加利福尼亚大学洛杉矶分校（UCLA）、斯坦福研究院（SRI）、加利福尼亚大学圣巴巴拉分校（UCSB）和犹他大学（The University of Utah）。

（2）网络的扩展与技术创新

在接下来的几年里，ARPANET 不断扩展，连接的计算机数量逐渐增加。为了实现不同计算机之间的通信，ARPANET 采用了分组交换技术，将数据分成小的数据包进行传输，提高了网络传输的效率和可靠性。

此外，ARPANET 还开发了一系列的通信协议，如网络控制协议（NCP）等，规范了计算机之间的通信方式。这些技术创新为互联网的发展奠定了基础。

（3）与其他网络的连接

随着 ARPANET 的发展，它开始与其他网络进行连接。1973 年，ARPANET 与挪威和英国的计算机网络实现了连接，标志着国际互联网的雏形开始形成。此后，越来越多的国家和地区的计算机网络加入 ARPANET 中，使互联网的规模不断扩大。

（4）TCP/IP 协议的诞生

在 ARPANET 的发展过程中，通信协议的标准化问题变得越来越重要。1974 年，美国国防部高级研究计划局的两位工程师瑟夫（Vinton G. Cerf）和卡恩（Robert E. Kahn）提出了传输控制协议（TCP）和互联网协议（IP），即 TCP/IP 协议。TCP/IP 协议的出现解决了不同网络之间的兼容性问题，为互联网的全球化发展奠定了基础。

3. 互联网的起源与发展

（1）从 ARPANET 到互联网

随着 ARPANET 的不断发展以及与其他网络的连接，它逐渐演变成了一个全球性的计算机网络，即互联网。1983 年，ARPANET 正式采用 TCP/IP 协议，标志着互联网的诞生。此后，互联网的规模迅速扩大，用户数量不断增加。

（2）商业应用的兴起

20 世纪 90 年代，互联网开始向商业领域拓展。随着万维网（WWW）的出现，互联网变得更加易于使用和普及。企业和个人开始建立网站，展示产品和服务，进行在线营销和销售。互联网的商业应用推动了电子商务、在线广告、搜索引擎等行业的发展。

（3）全球化与普及化

随着互联网技术的不断进步和成本的降低，互联网逐渐普及全球各个角落。越来越多的人开始使用互联网进行信息检索、社交娱乐、在线学习等活动。互联网的全球化和普及化改变了人们的生活方式和社会结构。

4. ARPANET 与互联网对社会的影响

（1）信息传播与获取

ARPANET 与互联网的出现极大地改变了信息传播和获取的方式。人们可以通过互联网快速地获取全球各地的信息，了解时事新闻、学术研究成果、文化艺术作品等。同时，互联网也为个人和组织提供了一个广阔的信息发布平台，使信息的传播更加便捷和广泛。

（2）社交与通信

互联网为人们提供了丰富的社交和通信渠道。通过社交媒体、即时通信工具、电子邮件等，人们可以与亲朋好友保持联系，结识新朋友，分享生活经验和观点。互联网的社交功能促进了人际关系的发展和文化交流的繁荣。

（3）经济与商业

ARPANET 与互联网的发展对经济和商业产生了深远的影响。电子商务的兴起改变了传统的商业模式，使消费者可以更加便捷地购买商品和服务。互联网也为企业提供了一个广阔的市场和创新平台，促进了企业的发展和竞争力的提升。

（4）教育与学习

互联网为教育和学习带来了新的机遇和挑战。在线教育平台的出现使人们可以随时随地进行学习，获取优质的教育资源。同时，互联网也促进了教育的全球化和个性化发展，为培养创新人才提供了新的途径。

（5）文化与艺术

互联网对文化和艺术的传播和发展也产生了积极的影响。通过互联网，人们可以欣赏到来自全球各地的文化艺术作品，了解不同国家和地区的文化传统。互联网也为艺术家和创作者提供了一个展示和交流的平台，促进了文化艺术的创新和繁荣。

（四）电子商务的早期尝试

1. 早期电子商务的形式

（1）邮购目录

① 起源与发展

邮购目录作为早期电子商务的一种重要形式，其历史可以追溯到 19 世纪。随着工业革命的推进，商品生产能力大幅提高，交通运输和邮政服务也得到了改善。商家开始通过邮寄目录的方式向消费者展示商品，消费者可以通过填写订单并邮寄回商家的方式进行购物。

在早期，邮购目录主要以纸质形式出现，内容包括商品的图片、描述、价格等信息。商家通过广泛分发邮购目录，将商品信息传递到全国各地，尤其是那些偏远地区的消费者。邮购目录的出现打破了地域限制，为消费者提供了更多的商品选择。

② 优势与特点

便捷性：消费者可以在家中浏览邮购目录，无须亲自前往商店，节省了时间和精力。

商品丰富：邮购目录通常包含了各种不同类型的商品，满足了消费者多样化的需求。

价格透明：目录中明确列出了商品的价格，消费者可以进行比较和选择。

全国覆盖：通过邮政服务，邮购目录可以到达全国各地，甚至偏远地区，扩大了商家的市场范围。

③ 案例分析

以美国的西尔斯·罗巴克公司为例，该公司在 19 世纪末和 20 世纪初通过邮购目录业务取得了巨大的成功。西尔斯·罗巴克公司的邮购目录涵盖了服装、家居用品、工具等各种商品，成了当时美国消费者购物的重要渠道之一。

（2）电话销售

① 起源与发展

电话的发明为商业活动带来了新的机遇。20 世纪初，电话销售开始兴起。商家通过电话向潜在客户推销商品，客户可以在电话中直接下单购买商品。

电话销售的发展得益于电话的普及和通信技术的进步。随着电话线路的不断扩展和通话质量的提高，电话销售的范围和效率也不断提高。

② 优势与特点

直接沟通：商家可以通过电话与客户进行直接沟通，了解客户的需求和反馈，提供个性化的服务。

即时响应：客户可以在电话中立即得到商家的回应，解决问题和完成交易。

销售技巧：电话销售人员可以运用各种销售技巧，如说服、引导等，提高销售成功率。

客户关系维护：通过电话销售，商家可以与客户建立良好的关系，进行客户关系维护和管理。

③ 案例分析

许多企业在早期就开始采用电话销售的方式进行商品销售。例如，一些保险公司通过电话向客户推销保险产品，取得了不错的销售业绩。

（3）电视购物

① 起源与发展

20 世纪 80 年代，电视购物开始兴起。随着电视的普及和有线电视技术的发展，商家开始通过电视广告向消费者展示商品，并提供电话订购服务。

电视购物的发展得益于电视媒体的强大传播力和影响力。商家可以通过生动的电视广告展示商品的特点和优势，吸引消费者的注意力。同时，电视购物也提供了一种便捷的购物方式，消费者可以在家中通过电话订购商品，无须前往商店。

② 优势与特点

视觉效果好：电视广告可以通过图像、声音等多种手段展示商品，给消费者带来更直观的感受。

宣传力度大：电视媒体的覆盖范围广，宣传力度大，可以迅速提高商品的知名度。

购物便捷：消费者可以在家中通过电话订购商品，无须出门，节省了时间和精力。

售后服务：一些电视购物平台提供良好的售后服务，如退换货、维修等，增强了消费者的购买信心。

③ 案例分析

电视购物在全球范围内都取得了一定的成功。例如，美国的 QVC 电视购物频道、中国的快乐购等都是知名的电视购物平台。

（4）EDI（电子数据交换）

① 起源与发展

EDI（电子数据交换）是一种在企业之间进行电子数据传输的技术。它起源于 20 世纪 60 年代，最初主要用于企业之间的订单处理和发票交换等业务。

随着计算机技术和通信技术的发展，EDI 的应用范围不断扩大。企业可以通过 EDI 系统实现供应链管理、库存管理、物流管理等业务的自动化处理，提高企业的运营效率和管理水平。

② 优势与特点

高效性：EDI 可以实现企业之间的数据快速传输和处理，提高业务处理效率。

准确性：EDI 系统可以自动校验数据的准确性，减少人为错误。

安全性：EDI 系统采用加密技术和数字签名等安全措施，保证数据的安全传输。

标准化：EDI 采用国际标准和行业标准，实现了企业之间数据交换的标准化和规范化。

③ 案例分析

许多大型企业在早期就开始采用 EDI 技术进行业务处理。例如，汽车制造企业可以通过 EDI 系统与供应商进行零部件订单的交换和处理，提高供应链的效率。

2. 早期电子商务的技术基础

（1）大型主机时代

20 世纪 60 年代，计算机技术开始进入大型主机时代。大型主机具有强大的计算能力和存储能力，可以处理大量的数据和复杂的业务逻辑。

在早期电子商务中，大型主机主要用于企业内部的业务处理和数据管理。企业可以通过大型主机实现订单处理、库存管理、财务管理等业务的自动化处理。

（2）个人计算机时代

20 世纪 80 年代，个人计算机开始普及。个人计算机的出现使得计算机技术更加普及和便捷，为电子商务的发展奠定了用户基础。

个人计算机的发展也推动了软件技术的进步。各种办公软件、数据库软件、图形图像软件等的出现，为电子商务的应用提供了技术支持。

（3）网络技术

① 局域网（LAN）：局域网是一种在局部范围内连接计算机和设备的网络技术。20 世纪 70 年代，局域网开始出现。局域网的出现使得企业内部的计算机可以实现互联互通，提高了企业的内部通信和协作效率。在早期电子商务中，局域网主要用于企业内部的业务处理和数据共享。企业可以通过局域网实现订单处理、库存管理、财务管理等业务的协同处理。

② 广域网（WAN）：广域网是一种覆盖范围更广的网络技术。20 世纪 80 年代，广域网开始发展。广域网的出现使得企业之间可以实现互联互通，为电子商务的发展提供了技术基础。在早期电子商务中，广域网主要用于企业之间的数据传输和业务协作。企业可以通过广域网实现 EDI、远程访问等业务。

③ 互联网：互联网是一种全球性的网络技术。20 世纪 90 年代，互联网开始普及。互联网的出现彻底改变了电子商务的发展格局。互联网的开放性、全球性和低成本等特点，使得电子商务可以实现全球化的业务拓展和客户服务。企业可以通过互联网建立电子商务网站，向全球消费者展示商品和服务，并接受订单和支付。

（4）电子支付技术

① 信用卡支付：信用卡是一种常见的电子支付方式。20 世纪 50 年代，信用卡开始出现。信用卡支付的出现为电子商务的发展提供了便利的支付手段。在早期电子商务中，信用卡支付主要通过电话授权和手工处理的方式进行。随着计算机技术和网络技术的发展，信用卡支付逐渐实现了自动化处理和在线支付。

② 电子现金支付：电子现金是一种数字化的货币形式。20 世纪 80 年代，电子现金开始出现。电子现金支付的出现为电子商务提供了一种更加安全、便捷的支付方式。电子现金支付的原理是将现金数字化，存储在电子钱包中。消费者可以通过电子钱包进行支付，商家可以通过电子现金系统进行收款和结算。

③ 电子支票支付：电子支票是一种数字化的支票形式。20 世纪 90 年代，电子支票开始出现。电子支票支付的出现为电子商务提供了一种类似于传统支票支付的方式，但更加安全、便捷。电子支票支付的原理是将支票数字化，通过网络进行传输和处理。消费者可以通过电子支票系统进行支付，商家可以通过银行进行收款和结算。

（5）安全技术

① 加密技术：加密技术是一种保护数据安全的技术。在电子商务中，加密技术主要用于保护用户的个人信息、交易数据等敏感信息的安全。加密技术的原理是将数据进行加密处理，使得只有授权的用户才能解密和访问数据。常见的加密技术包括对称加密技术和非对称加密技术。

② 数字签名技术：数字签名技术是一种保证数据真实性和完整性的技术。在电子商务中，数字签名技术主要用于保证交易数据的真实性和完整性，防止数据被篡改和伪造。数字签名技术的原理是通过对数据进行哈希运算，生成一个数字摘要，然后用私钥对数字摘要进行加密，生成数字签名。接收方可以用发送方的公钥对数字签名进行解密，得到数字摘要，然后对数据进行哈希运算，生成另一个数字摘要。如果两个数字摘要相同，则说明数据没有被篡改和伪造。

③ 身份认证技术：身份认证技术是一种确认用户身份的技术。在电子商务中，身份认证技术主要用于保证用户的身份真实可靠，防止非法用户的入

侵和欺诈行为。常见的身份认证技术包括用户名和密码认证、数字证书认证、生物特征认证等。

（五）电子商务的崛起

1. 电子商务崛起的关键因素

（1）技术进步

① 互联网技术：互联网的普及是电子商务崛起的基础。高速、稳定的互联网连接使得消费者能够轻松访问电子商务网站，进行商品浏览、比较和购买。同时，互联网技术的不断创新，如云计算、大数据、人工智能等，为电子商务企业提供了更强大的技术支持，帮助企业提高运营效率、优化用户体验、进行精准营销。

② 移动技术：智能手机和移动互联网的发展使得移动电子商务成为可能。移动设备的便携性和随时随地连接互联网的能力，为消费者提供了更加便捷的购物体验。移动应用程序的出现进一步提高了移动电子商务的用户体验，使得消费者可以更加轻松地进行购物、支付和管理订单。

③ 支付技术：安全、便捷的支付技术是电子商务发展的关键。电子支付系统的不断创新，如信用卡支付、电子钱包、移动支付等，为消费者提供了更多的支付选择，提高了支付的安全性和便捷性。同时，支付技术的进步也促进了电子商务的全球化发展，使得跨境支付更加容易和高效。

④ 物流技术：高效的物流配送是电子商务成功的重要保障。物流技术的不断进步，如自动化仓储、智能物流配送、实时物流跟踪等，提高了物流配送的效率和准确性，缩短了商品的配送时间，提高了消费者的购物体验。

（2）消费者行为变化

① 购物习惯的改变：随着互联网的普及和生活节奏的加快，消费者的购物习惯发生了巨大的变化。越来越多的消费者选择在网上购物，因为网上购物更加便捷、高效，价格透明。消费者可以在任何时间、任何地点进行购物，无须受传统商店营业时间和地理位置的限制。同时，网上购物还可以提供更多的商品选择和比较，消费者可以轻松找到自己需要的商品，并比较不同商家的价格和服务。

② 对个性化服务的需求：消费者对个性化服务的需求不断增加。电子商务企业可以通过大数据分析和人工智能技术，了解消费者的需求和偏好，为

消费者提供个性化的商品推荐、促销活动和客户服务。个性化服务可以提高消费者的满意度和忠诚度，促进电子商务的发展。

③ 对社交互动的追求：社交网络的发展使得消费者对社交互动的追求更加明显。消费者希望在购物过程中能够与朋友、家人和其他消费者进行交流和分享，获取购物建议和经验。社交电子商务的出现满足了消费者的这一需求，通过社交媒体平台进行商品推广和销售，利用社交关系网络提高消费者的购买意愿和信任度。

（3）企业战略与创新

① 商业模式创新：电子商务企业的商业模式创新是其崛起的重要因素之一。例如，亚马逊的"一站式购物"模式、阿里巴巴的"平台模式"、京东的"自营＋第三方卖家"模式等，都为企业带来了巨大的竞争优势。商业模式创新可以帮助企业降低成本、提高效率、拓展市场，满足消费者不断变化的需求。

② 营销策略创新：电子商务企业的营销策略创新也是其成功的关键因素之一。例如，搜索引擎优化（SEO）、搜索引擎营销（SEM）、社交媒体营销、内容营销等，都可以帮助企业提高网站的曝光率，吸引更多的潜在客户。同时，电子商务企业还可以通过个性化营销、促销活动、会员制度等方式，提高消费者的购买意愿和忠诚度。

③ 供应链管理创新：高效的供应链管理是电子商务企业成功的重要保障。电子商务企业可以通过与供应商建立紧密的合作关系、采用先进的物流技术、优化库存管理等方式，提高供应链的效率和灵活性，降低成本，提高客户满意度。

2. 电子商务崛起的影响

（1）对消费者的影响

① 更多的选择和便利：电子商务为消费者提供了更多的商品选择和购物渠道。消费者可以在全球范围内搜索和比较商品，找到最适合自己的商品和价格。同时，电子商务的便捷性使得消费者可以随时随地进行购物，无须受传统商店营业时间和地理位置的限制。

② 价格透明和竞争加剧：电子商务的发展使得价格更加透明，消费者可以轻松比较不同商家的价格和服务。这促进了市场竞争的加剧，迫使企业降

低价格、提高服务质量，从而使消费者受益。

③ 个性化服务和体验：电子商务企业可以通过大数据分析和人工智能技术，了解消费者的需求和偏好，为消费者提供个性化的商品推荐、促销活动和客户服务。个性化服务可以提高消费者的满意度和忠诚度，同时也为企业带来更多的商业机会。

（2）对企业的影响

① 拓展市场和客户群体：电子商务打破了传统销售模式，企业可以通过电子商务平台将产品销售到全球市场，拓展客户群体。同时，电子商务还可以帮助企业降低营销成本，提高品牌知名度，增强企业的竞争力。

② 提高运营效率和降低成本：电子商务企业可以通过采用先进的信息技术和管理方法，提高运营效率、降低成本。例如，自动化仓储、智能物流配送、在线客服等技术的应用，可以减少人力成本、提高服务质量；电子支付系统的使用可以降低交易成本、提高资金周转效率。

③ 促进创新和竞争：电子商务的发展促进了企业的创新和竞争。企业需要不断创新商业模式、营销策略和产品服务，以满足消费者不断变化的需求。同时，电子商务的竞争也更加激烈，企业需要不断提高自身的竞争力，才能在市场中立于不败之地。

（3）对社会经济的影响

① 促进经济增长和就业：电子商务的发展可以促进经济增长和就业。电子商务的发展带动了相关产业的发展，如物流、支付、信息技术等，创造了大量的就业机会。同时，电子商务的发展也促进了消费的增长，拉动了经济的发展。

② 推动产业升级和转型：电子商务的发展推动了传统产业的升级和转型。传统企业可以通过电子商务平台拓展销售渠道、提高品牌知名度、优化供应链管理，实现转型升级。同时，电子商务的发展也促进了新兴产业的发展，如互联网金融、大数据服务、人工智能等。

③ 改变社会生活方式和文化：电子商务的发展改变了社会生活方式和文化。人们的购物习惯、社交方式、工作方式等都发生了巨大的变化。电子商务的发展也促进了文化的交流和融合，不同国家和地区的商品和文化可以通过电子商务平台进行传播和交流。

二、电子商务的发展历程

（一）20世纪90年代：电子商务的起步阶段

1. 发展背景

（1）信息技术的进步

20世纪90年代，计算机技术和互联网技术取得了重大突破。个人电脑的普及使得越来越多的人能够接触到互联网，为电子商务的发展提供了硬件基础。同时，网络带宽的不断提高和通信技术的进步，使得数据传输速度更快、更稳定，为电子商务的发展创造了良好的通信环境。

（2）商业环境的变化

随着全球经济一体化的加速和市场竞争的日益激烈，企业迫切需要寻找新的商业渠道和营销方式。电子商务的出现为企业提供了一个全新的销售平台，能够帮助企业降低成本、提高效率、拓展市场。同时，消费者的购物观念也在逐渐发生变化，越来越多的人开始接受网上购物这种便捷的购物方式。

（3）政策法规的支持

为了促进电子商务的发展，各国政府纷纷出台了一系列政策法规。例如，美国政府在1997年发布了《全球电子商务纲要》，为电子商务的发展提供了政策指导和法律保障。这些政策法规的出台，为电子商务的发展创造了良好的政策环境。

2. 关键事件

（1）亚马逊的成立

1995年，杰夫·贝索斯（Jeff Bezos）创立了亚马逊公司（Amazon），这是全球最早的电子商务公司之一。亚马逊最初只是一家在线书店，但很快就扩展到了其他商品领域。亚马逊的成功，为电子商务的发展树立了榜样，吸引了众多企业纷纷涉足电子商务领域。

（2）eBay的崛起

1995年，皮埃尔·奥米迪亚（Pierre Omidyar）创立了eBay公司，这是全球最早的C2C电子商务平台之一。eBay允许个人卖家在平台上出售商品，为消费者提供了一个丰富多样的购物选择。eBay的崛起，标志着C2C电子商务模式的兴起，为电子商务的发展注入了新的活力。

（3）互联网泡沫的破裂

2000 年，互联网泡沫破裂，许多电子商务公司遭受重创。这也使得人们对电子商务的发展前景产生了质疑。然而，这次危机也促使电子商务行业进行了深刻的反思和调整，为电子商务的未来发展奠定了更加坚实的基础。

（二）21 世纪初：电子商务的快速发展阶段

1. 发展背景

（1）信息技术的进一步发展

21 世纪初，信息技术继续飞速发展。宽带互联网的普及使得网络速度大幅提高，为电子商务的发展提供了更加稳定和快速的通信环境。同时，移动互联网技术的兴起，使得人们可以通过手机、平板电脑等移动设备随时随地进行网上购物，进一步拓展了电子商务的市场空间。

（2）经济全球化的加速

随着经济全球化的加速，国际贸易日益频繁。电子商务的出现为企业开展跨国贸易提供了便利，使得企业可以更加轻松地拓展国际市场。同时，消费者也可以通过电子商务平台购买来自全球各地的商品，满足了人们对多样化商品的需求。

（3）消费者需求的变化

随着人们生活水平的提高和消费观念的转变，消费者对购物的便捷性、个性化和服务质量的要求越来越高。电子商务正好满足了消费者的这些需求，使得消费者可以在家中轻松购物，同时还可以享受到个性化的推荐和优质的客户服务。

2. 关键事件

（1）阿里巴巴的崛起

2003 年，阿里巴巴集团推出了淘宝网，这是中国最大的 C2C 电子商务平台之一。淘宝网的出现，打破了传统的购物模式，为消费者提供了一个便捷、实惠的购物平台。随后，阿里巴巴又推出了支付宝，解决了电子商务交易中的支付问题，为电子商务的发展提供了有力的支持。

（2）京东的发展

2004 年，京东商城正式上线，这是中国最大的 B2C 电子商务平台之一。京东商城以正品行货、快速配送和优质服务为特色，赢得了消费者的广泛认可。京东商城的发展，标志着中国电子商务行业进入了一个新的发展阶段。

（3）电子商务的全球化

随着电子商务的快速发展，越来越多的电子商务企业开始拓展国际市场。例如，亚马逊、eBay 等国际电子商务巨头纷纷进入中国市场，同时，中国的电子商务企业也开始走向全球，如阿里巴巴、京东等。电子商务的全球化，使得全球范围内的商品流通更加便捷，促进了国际贸易的发展。

（三）2010 年至今：电子商务的成熟与创新阶段

1. 发展背景

（1）移动互联网的普及

2010 年以来，移动互联网技术得到了广泛的应用和普及。智能手机、平板电脑等移动设备的用户数量不断增加，使得人们可以更加便捷地进行网上购物。同时，移动支付技术的发展，也为电子商务的发展提供了有力的支持。

（2）大数据和人工智能的应用

随着大数据和人工智能技术的发展，电子商务企业可以更加精准地了解消费者的需求和行为，为消费者提供个性化的推荐和服务。同时，大数据和人工智能技术还可以帮助电子商务企业优化库存管理、提高物流配送效率、降低运营成本。

（3）社交网络的兴起

社交网络的兴起为电子商务的发展带来了新的机遇。电子商务企业可以通过社交网络平台进行营销推广，与消费者进行互动交流，提高品牌知名度和用户黏性。同时，社交电商模式的出现，也为消费者提供了一种全新的购物体验。

2. 关键事件

（1）移动电子商务的崛起

随着移动互联网的普及，移动电子商务迅速崛起。各大电子商务平台纷纷推出了手机客户端，为消费者提供更加便捷的购物体验。同时，移动支付技术的发展，也为移动电子商务的发展提供了有力的支持。

（2）跨境电子商务的发展

随着经济全球化的加速和消费者对海外商品的需求增加，跨境电子商务得到了快速发展。各大电子商务平台纷纷推出了跨境电商业务，为消费者提供了来自全球各地的商品。同时，政府也出台了一系列政策支持跨境电子商务的发展，如设立跨境电商综合试验区等。

（3）新零售的出现

2016 年，马云提出了"新零售"的概念，即线上线下融合发展的新型零售模式。新零售的出现，标志着电子商务行业进入了一个新的发展阶段。电子商务企业开始加强与传统零售企业的合作，通过线上线下融合发展，为消费者提供更加便捷、高效的购物体验。

第二节　传统电子商务的优势与不足

一、传统电子商务的定义与发展历程

（一）传统电子商务的定义

1. 传统电子商务的概念

传统电子商务是指利用互联网等电子手段进行的商业活动，包括在线购物、在线支付、电子数据交换等。它主要通过网站、电子邮件、即时通信等渠道进行交易，实现商品和服务的买卖、信息的传递以及资金的流转。

传统电子商务的核心是通过电子手段打破时间和空间的限制，使买卖双方能够更加便捷地进行交易。与传统的线下商业活动相比，传统电子商务具有更高的效率、更广的覆盖范围和更低的成本。

2. 传统电子商务的特点

（1）虚拟性

传统电子商务的交易过程主要在虚拟的网络环境中进行，买卖双方无须面对面接触。这种虚拟性使得交易更加便捷，但也带来了一些风险，如信息不对称、信用问题等。

（2）全球性

互联网的普及使得传统电子商务具有全球性的特点。商家可以通过网络将商品和服务推向全球市场，消费者也可以在全球范围内选择商品和服务。

这种全球性拓展了商业活动的范围，但也对物流、支付等环节提出了更高的要求。

（3）高效性

传统电子商务通过电子手段实现了交易的自动化和信息化，大大提高了交易的效率。例如，在线购物可以实现 24 小时不间断服务，消费者可以随时随地进行购物；电子支付可以快速完成资金的流转，提高了交易的速度。

（4）低成本

传统电子商务省去了传统商业活动中的一些中间环节，如实体店租金、销售人员工资等，降低了交易成本。同时，电子手段的应用也减少了纸张、能源等资源的消耗，具有一定的环保效益。

3. 传统电子商务的分类

（1）B2B（Business to Business）

B2B 电子商务是指企业之间通过互联网进行的商业活动，如原材料采购、零部件供应、产品销售等。B2B 电子商务通常涉及较大的交易金额和复杂的交易流程，需要建立可靠的信用体系和安全的交易环境。

（2）B2C（Business to Consumer）

B2C 电子商务是指企业直接面向消费者销售商品和服务的商业活动，如在线购物、在线旅游、在线教育等。B2C 电子商务的交易金额相对较小，交易流程相对简单，但需要注重消费者的体验和服务质量。

（3）C2C（Consumer to Consumer）

C2C 电子商务是指消费者之间通过互联网进行的商品和服务交易活动，如二手商品交易、个人闲置物品拍卖等。C2C 电子商务的交易金额较小，交易流程较为灵活，但需要建立有效的信用评价体系和纠纷解决机制。

（二）传统电子商务的发展历程

1. 萌芽阶段（20 世纪 60 年代—90 年代初）

（1）EDI（电子数据交换）的出现

20 世纪 60 年代，随着计算机技术的发展，企业之间开始使用 EDI（电子数据交换）技术进行商业文件的传输。EDI 技术通过标准化的格式和协议，实现了企业之间订单、发票、运输信息等数据的自动交换，提高了交易的效率和准确性。

然而，EDI 技术主要应用于大型企业之间，需要建立专用的网络和软件系统，成本较高，普及程度有限。

（2）互联网的雏形——ARPANET（阿帕网）的诞生

20 世纪 60 年代，美国国防部高级研究计划局（ARPA）建立了 ARPANET（阿帕网），这是互联网的雏形。ARPANET 的主要目的是实现军事科研机构之间的信息共享和协同工作，但它也为后来的互联网发展奠定了基础。

2. 起步阶段（20 世纪 90 年代初—90 年代末）

（1）万维网（WWW）的出现和普及

20 世纪 90 年代初，英国科学家蒂姆·伯纳斯·李（Tim Berners Lee）发明了万维网（WWW），并推出了第一个网页浏览器。万维网的出现使得互联网的使用更加便捷和直观，为电子商务的发展提供了广阔的空间。

随着万维网的普及，越来越多的企业和个人开始建立网站，发布信息，进行商业活动。这一时期，电子商务主要以信息发布和广告宣传为主，交易功能相对较弱。

（2）电子商务概念的提出和早期实践

1990 年，联合国国际贸易法委员会（UNCITRAL）开始起草《电子商务示范法》，首次提出了电子商务的概念。1995 年，美国亚马逊公司（Amazon）成立，开始在网上销售图书，标志着电子商务进入了实际应用阶段。

这一时期，电子商务的发展还面临着许多挑战，如网络安全、支付问题、物流配送等。但随着技术的不断进步和市场的逐渐成熟，电子商务开始逐渐被人们所接受。

3. 快速发展阶段（20 世纪 90 年代末—21 世纪初）

（1）互联网泡沫的兴起和破裂

20 世纪 90 年代末，随着互联网技术的飞速发展和投资者的热情追捧，互联网泡沫迅速兴起。大量的电子商务企业如雨后春笋般涌现，市场竞争异常激烈。

然而，由于缺乏盈利模式和管理经验，许多电子商务企业在短时间内倒闭，互联网泡沫在 2000 年破裂。这次危机使得人们对电子商务的发展前景产生了质疑，但也促使电子商务行业进行了深刻的反思和调整。

（2）电子商务的复苏和快速发展

经过互联网泡沫的洗礼，电子商务行业逐渐走向成熟。企业开始注重盈利模式的探索和管理水平的提高，同时，技术的不断进步也为电子商务的发展提供了有力的支持。

这一时期，电子商务的交易规模迅速扩大，涵盖的领域也越来越广泛。B2B、B2C、C2C 等商业模式不断创新，电子支付、物流配送等配套服务也日益完善。

4. 成熟阶段（21 世纪初—当前）

（1）移动电子商务的兴起

21 世纪初，随着智能手机和移动互联网技术的发展，移动电子商务开始兴起。消费者可以通过手机、平板电脑等移动设备随时随地进行购物、支付、查询订单等操作，极大地提高了电子商务的便捷性和用户体验。

移动电子商务的发展也带动了相关产业的发展，如移动支付、移动营销、移动客服等。同时，移动电子商务也面临着一些挑战，如屏幕尺寸小、网络速度慢、安全问题等。

（2）社交电子商务的出现

随着社交网络的普及，社交电子商务开始出现。消费者可以通过社交网络平台分享购物经验、推荐商品、参与团购等活动，商家也可以通过社交网络平台进行营销推广、客户服务等工作。

社交电子商务的出现改变了传统电子商务的营销模式，提高了用户的参与度和忠诚度。同时，社交电子商务也面临着一些问题，如信息真实性、用户隐私保护等。

（3）跨境电子商务的发展

随着经济全球化的加速和消费者对海外商品的需求增加，跨境电子商务得到了快速发展。消费者可以通过跨境电子商务平台购买来自全球各地的商品，商家也可以将商品销售到全球市场。

跨境电子商务的发展需要解决一系列问题，如海关监管、支付结算、物流配送、知识产权保护等。同时，跨境电子商务也为国际贸易带来了新的机遇和挑战。

（4）传统电子商务的创新与融合

在成熟阶段，传统电子商务不断进行创新和融合，与其他领域的技术和业务进行深度结合。例如，电子商务与大数据、人工智能、物联网等技术的融合，为消费者提供更加个性化、智能化的服务；电子商务与线下实体店的融合，实现线上线下一体化的购物体验。

二、传统电子商务的优势

（一）便捷性

1. 打破时间和空间限制

传统电子商务最大的优势之一就是打破了时间和空间的限制。消费者可以在任何时间、任何地点通过互联网进行购物，无须受到传统实体店营业时间和地理位置的限制。无论是在白天还是夜晚，无论是在家中、办公室还是旅途中，只要有网络连接，消费者就可以轻松浏览商品、比较价格、下单购买。

例如，对于忙碌的上班族来说，他们可能没有时间在传统实体店的营业时间去购物。而通过传统电子商务平台，他们可以在下班后或者周末的任何时间进行购物，无须担心实体店的关门时间。此外，对于居住在偏远地区或者交通不便地区的消费者来说，传统电子商务也为他们提供了更多的购物选择，无须长途跋涉去城市中心的实体店购物。

2. 快速搜索和比较商品

传统电子商务平台通常提供强大的搜索功能，消费者可以通过关键词快速找到自己需要的商品。同时，消费者还可以方便地比较不同商家的商品价格、质量、评价等信息，从而做出更明智的购买决策。

例如，在购买电子产品时，消费者可以在不同的电子商务平台上搜索同一型号的产品，比较价格、功能、售后服务等方面的差异。通过这种方式，消费者可以找到最适合自己的商品，同时也可以节省时间和金钱。

3. 简化购物流程

传统电子商务平台通常提供简洁明了的购物流程，消费者只需几个简单的步骤就可以完成购物。一般来说，消费者首先在电子商务平台上搜索自己需要的商品，然后选择商品规格、数量等信息，将商品加入购物车，最后进行结算和支付。整个购物流程简单快捷，无须像在传统实体店那样排队等待结账。

此外，传统电子商务平台还提供多种支付方式，消费者可以根据自己的喜好和需求选择合适的支付方式。例如，消费者可以选择信用卡支付、支付宝支付、微信支付等方式，这些支付方式都非常方便快捷，并且具有较高的安全性。

4. 随时随地跟踪订单状态

传统电子商务平台通常提供订单跟踪功能，消费者可以随时随地跟踪自己的订单状态。消费者可以通过电子商务平台查看订单的处理进度、发货状态、物流信息等，从而及时了解自己的商品何时能够送达。

例如，在购买商品后，消费者可以通过电子商务平台查看订单的处理进度，了解商家是否已经发货。如果商家已经发货，消费者可以查看物流信息，了解自己的商品何时能够送达。通过这种方式，消费者可以更好地安排自己的时间，避免因为不知道商品何时送达而造成的不必要的等待。

(二) 商品丰富性

1. 海量商品选择

传统电子商务平台通常拥有海量的商品选择，消费者可以在一个平台上找到各种各样的商品。无论是日常生活用品、服装鞋帽、电子产品还是食品饮料等，消费者都可以在传统电子商务平台上找到。

例如，在传统实体店中，由于空间有限，商家可能无法展示所有的商品。而在传统电子商务平台上，商家可以通过图片、文字、视频等多种方式展示商品，消费者可以更加全面地了解商品的特点和优势。此外，传统电子商务平台还可以通过整合不同商家的资源，为消费者提供更多的商品选择。

2. 全球商品供应

传统电子商务平台打破了地域限制，消费者可以购买来自全球各地的商品。无论是国内的商品还是国外的商品，消费者都可以在传统电子商务平台上找到。这种全球商品供应为消费者提供了更多的购物选择，同时也促进了国际贸易的发展。

例如，消费者可以在传统电子商务平台上购买来自美国、日本、欧洲等国家和地区的商品。这些商品可能在国内的实体店中难以找到，或者价格较高。通过传统电子商务平台，消费者可以以更加优惠的价格购买到自己喜欢的国外商品。此外，传统电子商务平台还可以为国内的商家提供一个拓展国际市场的平台，促进国内商品的出口。

3. 个性化商品推荐

传统电子商务平台通常会根据消费者的购物历史、浏览记录、搜索关键词等信息，为消费者提供个性化的商品推荐。这种个性化商品推荐可以帮助消费者更快地找到自己需要的商品，同时也可以提高消费者的购物体验。

例如，在消费者浏览传统电子商务平台时，平台会根据消费者的浏览记录和搜索关键词，为消费者推荐相关的商品。如果消费者曾经购买过某一品牌的商品，平台也会为消费者推荐该品牌的其他商品。通过这种方式，消费者可以更加方便地找到自己喜欢的商品，同时也可以发现一些新的商品和品牌。

4. 商品信息详细全面

传统电子商务平台通常会提供详细全面的商品信息，包括商品的图片、描述、规格、价格、评价等。消费者可以通过这些信息更加全面地了解商品的特点和优势，从而做出更明智的购买决策。

例如，在购买电子产品时，消费者可以在传统电子商务平台上查看商品的详细参数、功能介绍、用户评价等信息。这些信息可以帮助消费者更好地了解商品的性能和质量，从而选择最适合自己的产品。此外，消费者还可以通过查看其他用户的评价，了解商品的优缺点，从而更好地判断商品是否符合自己的需求。

（三）价格优势

1. 降低运营成本

传统电子商务平台通常可以降低商家的运营成本，从而使商品价格更加优惠。与传统实体店相比，传统电子商务平台无须支付高昂的店铺租金、装修费用、员工工资等成本。此外，传统电子商务平台还可以通过自动化的订单处理、物流配送等环节，降低运营成本，提高效率。

例如，一家传统实体店需要支付高昂的店铺租金、装修费用、员工工资等成本。而在传统电子商务平台上，商家可以通过租用虚拟店铺的方式，降低店铺租金成本。同时，商家还可以通过自动化的订单处理、物流配送等环节，降低运营成本，提高效率。这些成本的降低可以使商家将商品价格定得更加优惠，从而吸引更多的消费者。

2. 比价更加方便

传统电子商务平台通常提供价格比较功能，消费者可以方便地比较不同商家的商品价格。这种价格比较功能可以帮助消费者找到最优惠的商品价格，同时也可以促进商家之间的竞争，提高市场效率。

例如，在购买商品时，消费者可以在不同的传统电子商务平台上搜索同一商品，比较价格、质量、评价等信息。通过这种方式，消费者可以找到最优惠的商品价格，同时也可以了解不同商家的服务质量和信誉度。此外，消费者还可以通过关注商品的价格波动，选择在价格最低的时候购买商品，从而节省更多的金钱。

3. 促销活动丰富多样

传统电子商务平台通常会举办各种促销活动，如打折、满减、赠品等。这些促销活动可以吸引更多的消费者，同时也可以提高消费者的购买意愿。

例如，在节假日等特殊时期，传统电子商务平台通常会举办大规模的促销活动。消费者可以在这些促销活动中享受到更多的优惠和折扣，从而节省更多的金钱。此外，传统电子商务平台还会不定期地推出一些限时抢购、秒杀等活动，消费者可以在这些活动中以非常优惠的价格购买到自己需要的商品。

4. 去除中间环节

传统电子商务平台通常可以去除中间环节，直接将商品从生产商处销售给消费者。这种去除中间环节的方式可以降低商品的流通成本，从而使商品价格更加优惠。

例如，在传统的商品流通渠道中，商品通常需要经过生产商、批发商、零售商等多个环节才能到达消费者手中。每个环节都需要支付一定的成本和利润，从而使商品价格不断上涨。而在传统电子商务平台上，生产商可以直接将商品销售给消费者，去除了中间环节的成本和利润，从而使商品价格更加优惠。

（四）信息透明性

1. 商品评价真实可靠

传统电子商务平台通常会提供商品评价功能，消费者可以在购买商品后对商品进行评价。这些商品评价通常是真实可靠的，消费者可以通过查看其他用户的评价，了解商品的优缺点，从而做出更明智的购买决策。

例如，在购买商品前，消费者可以查看其他用户对该商品的评价。如果大多数用户对该商品评价较高，说明该商品的质量和性能较好；如果大多数用户对该商品评价较低，说明该商品可能存在一些问题。通过这种方式，消费者可以更加全面地了解商品的情况，从而避免购买到不满意的商品。

2. 商家信息公开透明

传统电子商务平台通常会公开商家的信息，包括商家的名称、地址、联系方式、营业执照等。消费者可以通过这些信息了解商家的信誉度和实力，从而做出更明智的购买决策。

例如，在购买商品前，消费者可以查看商家的信息，了解商家的信誉度和实力。如果商家的信誉度较高，说明该商家的商品质量和服务质量较好；如果商家的信誉度较低，说明该商家可能存在一些问题。通过这种方式，消费者可以更加全面地了解商家的情况，从而避免购买到不满意的商品。

3. 价格比较清晰明了

传统电子商务平台通常会提供价格比较功能，消费者可以方便地比较不同商家的商品价格。这种价格比较功能可以帮助消费者找到最优惠的商品价格，同时也可以促进商家之间的竞争，提高市场效率。

例如，在购买商品时，消费者可以在不同的传统电子商务平台上搜索同一商品，比较价格、质量、评价等信息。通过这种方式，消费者可以找到最优惠的商品价格，从而节省更多的金钱。

4. 交易记录可追溯

传统电子商务平台通常会保存消费者的交易记录，包括订单编号、商品名称、价格、购买时间等信息。消费者可以通过这些交易记录了解自己的购物历史，同时也可以在出现问题时进行追溯和维权。

例如，在购买商品后，如果消费者发现商品存在质量问题或者与商家描述不符，可以通过交易记录进行追溯和维权。消费者可以向传统电子商务平台投诉，要求商家解决问题或者退款。通过这种方式，消费者可以更好地保护自己的合法权益，同时也可以促进商家提高商品质量和服务质量。

（五）支付安全性

1. 多种支付方式选择

传统电子商务平台通常提供多种支付方式，消费者可以根据自己的喜好和需求选择合适的支付方式。常见的支付方式包括信用卡支付、支付宝支付、微信支付、银联在线支付等。这些支付方式都具有较高的安全性和可靠性，消费者可以放心使用。

例如，信用卡支付通常采用加密技术和风险控制机制，保障消费者的支付安全。支付宝支付和微信支付也采用了多种安全技术，如指纹识别、面部识别、短信验证码等，保障消费者的账户安全。银联在线支付则是由中国银联推出的一种支付方式，具有较高的安全性和可靠性。

2. 支付平台安全保障

传统电子商务平台通常会与专业的支付平台合作，保障消费者的支付安全。这些支付平台通常采用先进的安全技术和风险控制机制，保障消费者的支付信息不被泄露和篡改。

例如，支付宝支付和微信支付都是国内知名的支付平台，它们采用了多种安全技术，如加密技术、风险控制机制、实名认证等，保障消费者的支付安全。同时，这些支付平台还与银行、保险公司等机构合作，为消费者提供更加全面的安全保障。

3. 交易风险提示

传统电子商务平台通常会在消费者进行支付时进行交易风险提示，提醒消费者注意支付安全。这些交易风险提示通常包括支付密码设置、防范诈骗等内容，帮助消费者提高支付安全意识。

例如，在消费者进行支付时，传统电子商务平台会提醒消费者设置复杂的支付密码，并定期更换密码。同时，平台还会提醒消费者防范诈骗，不要轻易相信陌生人的电话、短信和邮件，不要随意点击不明链接，以免造成财产损失。

4. 售后服务保障

传统电子商务平台通常会提供售后服务保障，保障消费者的合法权益。如果消费者在支付过程中遇到问题或者出现纠纷，可以向传统电子商务平台投诉，平台会及时处理并解决问题。

例如，在消费者进行支付后，如果发现商品存在质量问题或者与商家描述不符，可以向传统电子商务平台投诉。平台会要求商家解决问题或者退款，如果商家拒绝解决问题，平台会介入处理并为消费者提供售后服务保障。通过这种方式，消费者可以更好地保护自己的合法权益，同时也可以促进商家提高商品质量和服务质量。

三、传统电子商务的不足

（一）商品质量监管难度大

1. 存在假冒伪劣商品

在传统电子商务平台上，由于商家众多且监管难度较大，时有假冒伪劣商品出现。消费者在购买商品时，往往难以辨别商品的真伪。这些假冒伪劣商品不仅质量无法保证，还可能对消费者的健康和安全造成威胁。

例如，一些消费者在网上购买到假冒的品牌服装、鞋子、化妆品等，这些商品的质量与正品相差甚远，甚至可能存在有害物质。此外，一些假冒伪劣的电子产品也可能存在安全隐患，如电池爆炸、充电器起火等。

2. 商品描述与实际不符

为了吸引消费者购买，一些商家在商品描述中夸大其词，或者故意隐瞒商品的缺陷。消费者在购买商品时，往往只能通过商品图片和描述来了解商品的情况，无法亲自查看商品的实际质量。当消费者收到商品后，发现商品与描述不符，容易产生不满和纠纷。

例如，一些商家在商品描述中声称商品是"全新正品"，但消费者收到商品后发现是二手商品或者有瑕疵的商品。还有一些商家在商品描述中夸大商品的功能和性能，实际使用时却发现与描述相差甚远。

3. 缺乏有效的质量监管机制

传统电子商务平台缺乏有效的质量监管机制，对商家的商品质量监管力度不够。一些不良商家为了追求利润，不惜以次充好，销售假冒伪劣商品。而消费者在购买到质量有问题的商品后，往往难以得到有效的维权。

例如，一些消费者在购买到质量有问题的商品后，向电子商务平台投诉，但平台往往只是要求商家与消费者协商解决，缺乏有效的监管和处罚措施。这使得一些不良商家更加肆无忌惮地销售质量有问题的商品。

（二）售后服务不完善

1. 退换货流程烦琐

在传统电子商务平台上，消费者在购买商品后，如果发现商品有质量问题或者不符合自己的需求，需要进行退换货时，往往面临着烦琐的流程。消费者需要先联系商家，说明退换货的原因，然后等待商家审核。如果商家同意退换货，消费者还需要将商品寄回商家指定的地址，并承担邮费。整个退换货流程耗时较长，给消费者带来了不便。

例如，一些消费者在网上购买了衣服，收到后发现尺码不合适。消费者联系商家要求退换货，商家要求消费者先将衣服寄回，并承担邮费。消费者寄回衣服后，商家审核需要一定的时间。如果商家审核不通过，消费者还需要再次与商家协商，整个退换货流程可能需要数周甚至更长时间。

2. 售后服务响应不及时

当消费者在使用商品过程中遇到问题，需要售后服务时，往往难以得到及时的响应。一些商家对售后服务不够重视，或者售后服务人员不足，导致消费者的问题得不到及时解决。这不仅影响了消费者的购物体验，还可能给消费者带来经济损失。

例如，一些消费者在网上购买了电子产品，使用过程中出现了故障。消费者联系商家要求售后服务，商家可能需要几天甚至更长时间才能回复消费者。在等待售后服务的过程中，消费者可能无法正常使用电子产品，影响了工作和生活。

3. 售后服务质量参差不齐

不同的商家在售后服务方面的质量参差不齐，一些商家能够提供优质的售后服务，及时解决消费者的问题；而一些商家则对售后服务敷衍了事，甚至拒绝提供售后服务。消费者在购买商品时，往往难以判断商家的售后服务质量，容易在售后服务方面遇到问题。

例如，一些消费者在网上购买了家具，安装过程中遇到了问题。消费者联系商家要求售后服务，一些商家能够及时安排专业人员上门安装，解决消费者的问题；而另一些商家则只是通过电话指导消费者安装，或者让消费者自己解决问题，售后服务质量较差。

（三）物流配送不及时

1. 配送时间不确定

在传统电子商务平台上，消费者在购买商品后，往往无法确定商品的具体配送时间。商家通常只给出一个大致的配送时间范围，如"3－5天送达"，但实际配送时间可能会受到各种因素的影响，如天气、交通、物流企业的效率等。这使得消费者在等待商品配送的过程中，充满了不确定性，容易产生焦虑和不满。

例如，一些消费者在网上购买了急需的商品，商家给出的配送时间是"3-5天送达"。但由于天气原因，物流企业的配送速度受到了影响，商品实际送达时间比预计时间晚了几天，这使得消费者在等待商品的过程中非常焦虑，影响了购物体验。

2. 物流信息不透明

消费者在购买商品后，往往无法及时了解商品的物流信息。一些物流企业的信息更新不及时，或者信息不准确，消费者只能通过不断查询物流信息来了解商品的配送进度。这不仅浪费了消费者的时间和精力，还容易让消费者产生焦虑和不满。

例如，一些消费者在网上购买了商品后，想了解商品的配送进度，但物流企业的信息更新不及时，消费者只能通过不断查询物流信息来了解商品的配送进度。有时候，物流信息显示商品已经到达了某个地点，但实际上商品还在运输途中，这让消费者非常困惑和不满。

3. 物流配送过程中商品损坏

在物流配送过程中，商品可能会因为各种原因而损坏。一些物流企业在配送过程中对商品的保护措施不够，或者操作不当，导致商品在运输途中受损。当消费者收到损坏的商品时，需要进行退换货，这不仅浪费了消费者的时间和精力，还影响了消费者的购物体验。

例如，一些消费者在网上购买了易碎商品，如玻璃制品、陶瓷制品等。在物流配送过程中，由于物流企业的保护措施不够，商品在运输途中受损。消费者收到损坏的商品后，需要进行退换货，整个过程非常麻烦，影响了购物体验。

（四）缺乏体验感

1. 无法现场感受商品

在传统电子商务平台上，消费者只能通过商品图片、描述和评价来了解商品的情况，无法亲自感受商品的质量、手感、大小等。这使得消费者在购买商品时，往往存在一定的风险，容易购买到不符合自己需求的商品。

例如，一些消费者在网上购买了衣服，由于无法现场试穿，收到后发现尺码不合适或者款式不喜欢。还有一些消费者在网上购买了电子产品，由于无法现场感受产品的性能和质量，收到后发现与自己的预期相差甚远。

2. 缺乏购物氛围

传统电子商务平台缺乏实体店的购物氛围，消费者在购物过程中无法感受到实体店的热闹和氛围，这使得购物过程变得单调和枯燥，容易让消费者失去购物的兴趣。

例如，一些消费者喜欢在实体店购物，是因为可以感受到实体店的热闹和氛围，可以与朋友一起逛街、聊天、试穿衣服等。而在传统电子商务平台上，消费者只能独自面对电脑或手机屏幕，购物过程缺乏互动和乐趣。

3. 无法享受即时服务

在实体店购物时，消费者可以享受到即时的服务，如导购员的介绍、试穿、试用等。而在传统电子商务平台上，消费者无法享受到即时服务，只能通过在线客服或者电话客服来解决问题。这使得消费者在购物过程中遇到问题时，无法得到及时的解决，影响了购物体验。

例如，一些消费者在实体店购买衣服时，可以让导购员帮忙搭配服装，试穿不同的款式和颜色。而在传统电子商务平台上，消费者只能通过商品图片和描述来选择商品，无法得到导购员的专业建议和服务。当消费者在购物过程中遇到问题时，需要通过在线客服或者电话客服来解决，等待时间较长，影响了购物体验。

（五）网络安全问题

1. 个人信息泄露

在传统电子商务平台上，消费者需要提供个人信息，如姓名、地址、电话、银行卡号等，以便完成购物和支付。然而，这些个人信息可能会因为各种原因而被泄露，给消费者带来安全隐患。

例如，一些电子商务平台的数据库可能会被黑客攻击，导致消费者的个人信息被泄露。还有一些不良商家可能会将消费者的个人信息出售给第三方，用于非法目的。当消费者的个人信息被泄露后，可能会收到骚扰电话、垃圾短信、诈骗邮件等，甚至可能会遭受财产损失。

2. 支付安全风险

在传统电子商务平台上，消费者需要通过网上支付来完成购物。然而，网上支付存在一定的安全风险，如支付密码被盗、银行卡被盗刷等。一些不法分子可能会通过网络钓鱼、恶意软件等手段，窃取消费者的支付信息，给消费者带来财产损失。

例如，一些消费者在网上购物时，可能会收到一些虚假的支付链接或者邮件，要求消费者点击链接进行支付。如果消费者不小心点击了这些链接，可能会导致支付密码被盗，银行卡被盗刷。还有一些消费者在使用公共无线网络进行支付时，可能会被黑客窃取支付信息，给消费者带来安全隐患。

3. 网络诈骗

在传统电子商务平台上，网络诈骗时有发生。一些不法分子可能会通过虚假的电子商务网站、假冒的商家、虚假的促销活动等手段，骗取消费者的钱财。消费者在购物过程中，如果不小心防范，很容易上当受骗。

例如，一些消费者可能会收到一些虚假的促销邮件或者短信，声称可以以很低的价格购买到名牌商品。消费者点击链接进入虚假的电子商务网站后，可能会被要求输入个人信息和支付信息，最终导致钱财被骗。还有一些消费者可能会在一些假冒的电子商务平台上购物，收到商品后发现是假冒伪劣商品，无法退款，遭受经济损失。

第三节　智能时代为电子商务带来的新契机

一、智能时代对消费者购物体验的提升

（一）个性化购物体验

1. 智能推荐系统

（1）原理与技术

智能推荐系统是利用人工智能和大数据技术，根据消费者的历史购买记录、浏览行为、搜索关键词等信息，为消费者提供个性化的商品推荐。这些

系统通常采用协同过滤、内容推荐、深度学习等算法，不断学习和优化推荐结果，以满足消费者的个性化需求。

例如，协同过滤算法通过分析消费者之间的相似性，将与目标消费者行为相似的其他消费者喜欢的商品推荐给目标消费者。内容推荐算法则根据商品的属性和特征，以及消费者对不同属性的偏好，为消费者推荐符合其兴趣的商品。深度学习算法则可以从大量的数据中自动学习消费者的偏好模式，提供更加精准的推荐。

（2）对消费者的价值

智能推荐系统为消费者带来了诸多价值。首先，它节省了消费者在海量商品中寻找所需商品的时间和精力。消费者无须花费大量时间浏览各种商品，而是可以直接看到符合自己兴趣的推荐商品，大大提高了购物效率。其次，个性化的推荐能够满足消费者的特定需求和偏好，增加消费者对推荐商品的兴趣和购买意愿。例如，如果消费者喜欢户外运动，推荐系统可以为其推荐适合户外运动的服装、装备等商品，提高消费者的购买转化率。最后，智能推荐系统还可以帮助消费者发现新的商品和品牌，拓展消费者的购物视野。

2. 定制化商品与服务

（1）定制化的实现方式

在智能时代，消费者可以通过电子商务平台获得定制化的商品和服务。定制化的实现方式主要有两种：一种是消费者直接参与设计的定制化，消费者可以根据自己的需求和喜好，选择商品的颜色、尺寸、材质、图案等属性，甚至可以自己设计商品的外观和功能。另一种是基于消费者数据的定制化，电子商务平台通过分析消费者的历史购买记录、浏览行为等数据，为消费者提供个性化的商品推荐和定制化的服务。例如，一些服装品牌可以根据消费者的身材数据和风格偏好，为消费者定制合身的服装；一些家居品牌可以根据消费者的家居风格和空间需求，为消费者定制家具和装饰品。

（2）定制化带来的独特体验

定制化商品和服务为消费者带来了独特的购物体验。首先，定制化商品能够满足消费者的个性化需求，让消费者拥有独一无二的商品。消费者可以根据自己的喜好和需求，设计出符合自己个性的商品，增强了消费者对商品的归属感和满意度。其次，定制化服务能够提高消费者的参与感和互动性。消费者在参与商品设计和定制的过程中，与品牌和商家进行互动，表达自己的想法和需求，这种参与感和互动性能够增强消费者对品牌的忠诚度和认同感。最后，定制化商品和服务还可以提高消费者的购物体验的品质和价值感。定制化商品通常具有更高的品质和价值，消费者愿意为其支付更高的价格，从而获得更好的购物体验。

（二）便捷的购物体验

1. 移动购物的普及

（1）移动购物的优势

随着智能手机的普及和移动互联网的发展，移动购物已经成为消费者购物的主要方式之一。移动购物具有诸多优势，首先，它具有随时随地购物的便利性。消费者可以在任何时间、任何地点通过手机进行购物，无须受到传统实体店营业时间和地理位置的限制。其次，移动购物应用通常具有简洁明了的界面和便捷的操作流程，消费者可以轻松地浏览商品、下单购买、支付结算等。最后，移动购物还可以结合地理位置服务和推送通知等功能，为消费者提供更加个性化和便捷的购物体验。例如，消费者在附近的商场逛街时，可以通过手机应用收到商场内商家的促销信息和优惠券，提高购物的便利性和实惠性。

（2）移动支付的安全性与便捷性

移动支付是移动购物的重要组成部分，它为消费者提供了更加安全和便捷的支付方式。移动支付通常采用加密技术和身份认证技术，保障消费者的支付安全。同时，移动支付还具有快速结算、无须携带现金和银行卡等优点，大大提高了支付的便捷性。例如，消费者可以通过手机扫描二维码进行支付，无须输入密码和签名，支付过程简单快捷。此外，移动支付还可以结合指纹识别、面部识别等生物识别技术，进一步提高支付的安全性和便捷性。

2. 智能物流与配送

（1）物流信息的实时跟踪

在智能时代，消费者可以通过电子商务平台实时跟踪物流信息，了解商品的运输状态和预计送达时间。物流信息的实时跟踪为消费者带来了极大的便利，消费者可以合理安排自己的时间，避免因不知道商品何时送达而造成的不必要的等待。同时，物流信息的实时跟踪也提高了消费者对物流服务的满意度和信任度。例如，消费者可以通过手机应用随时查看商品的运输轨迹和当前位置，了解商品的配送进度。

（2）快速配送与准时送达

智能物流技术的发展使得快速配送和准时送达成为可能。电子商务平台和物流企业通过优化物流配送网络、采用智能调度系统、使用无人机和无人车等新技术，提高物流配送的效率和准确性，实现快速配送和准时送达。快速配送和准时送达为消费者带来了更好的购物体验，消费者可以更快地收到自己购买的商品，满足自己的需求。例如，一些电子商务平台推出了"当日达""次日达"等快速配送服务，满足了消费者对时效性的要求。

3. 智能客服的高效响应

（1）智能客服的特点与优势

智能客服是利用人工智能技术实现的自动化客户服务系统。智能客服具有以下特点和优势：首先，它可以24小时不间断地为消费者提供服务，无须受到人工客服工作时间的限制。其次，智能客服可以快速响应消费者的问题和需求，无须消费者进行长时间的排队等待。最后，智能客服可以通过自然语言处理技术理解消费者的问题，并提供准确的答案和解决方案，提高消费者的满意度。例如，消费者在购物过程中遇到问题时，可以通过电子商务平台的智能客服系统进行咨询，智能客服可以立即回答消费者的问题，为消费者提供帮助。

（2）智能客服与人工客服的结合

虽然智能客服具有很多优势，但在某些复杂问题的处理上，人工客服仍然具有不可替代的作用。因此，智能时代的电子商务平台通常采用智能客服与人工客服相结合的方式，为消费者提供更加高效和优质的客户服务。当消费者的问题比较简单时，智能客服可以快速回答消费者的问题；当消费者的问题比较复杂时，智能客服可以将问题转交给人工客服进行处理，确保消费者的问题得到及时有效的解决。例如，消费者在购物过程中遇到商品质量问题时，智能客服可以先了解问题的情况，并为消费者提供一些初步的解决方案；如果问题比较复杂，智能客服可以将问题转交给人工客服，由人工客服与消费者进行沟通和协商，解决问题。

（三）沉浸式购物体验

1. 虚拟现实与增强现实技术的应用

（1）虚拟购物场景的打造

虚拟现实（VR）和增强现实（AR）技术可以为消费者打造虚拟购物场景，让消费者身临其境地感受商品的外观、功能和使用场景。消费者可以通过佩戴 VR 头盔或使用 AR 应用，在虚拟购物场景中浏览商品、试穿服装、体验家居产品等。虚拟购物场景的打造为消费者带来了全新的购物体验，消费者可以更加直观地了解商品的特点和优势，提高购物的决策效率和满意度。例如，一些服装品牌推出了 VR 试衣间，消费者可以在虚拟试衣间中试穿各种服装，选择最适合自己的款式和尺寸。

（2）增强现实的互动体验

增强现实（AR）技术还可以为消费者带来互动体验。消费者可以通过手机或平板电脑等设备，使用 AR 应用扫描商品或广告，获取更多的商品信息和促销活动。AR 技术还可以将虚拟的商品信息和特效叠加在现实场景中，为消费者带来更加生动和有趣的购物体验。例如，一些化妆品品牌推出了 AR 试妆应用，消费者可以通过手机摄像头扫描自己的面部，试用各种化妆品，选择最适合自己的产品。

2. 智能语音购物

（1）语音购物的便利性

智能语音购物是利用语音识别和自然语言处理技术实现的购物方式。消费者可以通过语音指令与电子商务平台进行交互，完成商品搜索、下单购买、支付结算等操作。语音购物为消费者带来了极大的便利性，消费者无须使用键盘和鼠标进行操作，只需通过语音指令即可完成购物流程。特别是对于一些行动不便的消费者和老年人来说，语音购物更加方便快捷。例如，消费者可以在做饭、开车等不方便使用手机的情况下，通过语音指令进行购物。

（2）语音助手的个性化服务

智能语音助手可以为消费者提供个性化的服务。语音助手可以通过分析消费者的语音指令和历史购买记录，了解消费者的需求和偏好，为消费者提供个性化的商品推荐和购物建议。同时，语音助手还可以与消费者进行互动，回答消费者的问题，提供客户服务。例如，消费者可以向语音助手询问某个商品的特点和价格，语音助手可以立即回答消费者的问题，并为消费者提供购买建议。

3. 社交购物的新趋势

（1）社交平台与电子商务的融合

社交平台与电子商务的融合是智能时代购物体验的新趋势。消费者可以通过社交平台分享购物经验、推荐商品、参与团购等活动，同时也可以直接在社交平台上进行购物。社交平台与电子商务的融合为消费者带来了更加丰富和有趣的购物体验，消费者可以在社交互动中发现新的商品和品牌，同时也可以与朋友一起分享购物的乐趣。例如，一些社交平台推出了"购物"功能，消费者可以在社交平台上浏览商品、下单购买、支付结算等，同时还可以与朋友进行互动和分享。

（2）社交影响与购物决策

社交平台对消费者的购物决策产生了重要影响。消费者在购物前通常会参考朋友的推荐和评价，以及社交平台上的热门话题和趋势。社交平台上的用户生成内容（UGC），如商品评价、晒单、分享等，可以为消费者提供更加真实和可信的购物参考。同时，社交平台上的品牌推广和营销活动也可以吸引消费者的关注，影响消费者的购物决策。例如，消费者在购买化妆品时，会参考朋友的推荐和社交平台上的美妆博主的评价，选择适合自己的产品。

二、智能时代对电商企业运营效率的改善

（一）精准营销

1. 智能时代下的精准营销概念与特点

（1）概念

精准营销是指在精准定位的基础上，依托现代信息技术手段建立个性化的顾客沟通服务体系，实现企业可度量的低成本扩张之路。在智能时代，精准营销借助人工智能、大数据、机器学习等技术，对消费者的行

为、偏好、需求等进行深入分析，从而为企业提供更加精准的营销策略和方案。

（2）特点

① 个性化推荐

通过对消费者的历史购买记录、浏览行为、搜索关键词等数据的分析，为消费者提供个性化的商品推荐，提高消费者的购买转化率。

② 精准定位

利用大数据和人工智能技术，对消费者进行精准定位，了解消费者的需求和偏好，从而为企业提供更加精准的目标客户群体。

③ 实时反馈

通过对消费者的行为数据进行实时监测和分析，及时调整营销策略和方案，提高营销效果。

④ 多渠道营销

利用社交媒体、电子邮件、短信等多种渠道进行营销推广，提高营销的覆盖面和效果。

2. 精准营销对电商企业运营效率的提升

（1）提高营销效果

精准营销可以根据消费者的需求和偏好，为消费者提供个性化的商品推荐和服务，提高消费者的购买转化率和满意度。同时，精准营销还可以通过对消费者的行为数据进行分析，了解消费者的购买习惯和需求，为企业提供更加精准的营销策略和方案，提高营销效果。

（2）降低营销成本

精准营销可以通过对消费者的行为数据进行分析，了解消费者的需求和偏好，从而为企业提供更加精准的目标客户群体。这样可以避免企业在营销过程中的盲目性和浪费行为，降低营销成本。

（3）提高客户忠诚度

精准营销可以为消费者提供个性化的商品推荐和服务，满足消费者的需求和偏好，提高消费者的满意度和忠诚度。同时，精准营销还可以通过对消费者的行为数据进行分析，了解消费者的需求和偏好，为企业提供更加精准的客户服务，提高客户忠诚度。

3. 精准营销的实现方法与技术支持

（1）大数据分析

利用大数据技术对消费者的行为数据进行收集、存储、分析和挖掘，了解消费者的需求和偏好，为企业提供更加精准的营销策略和方案。

（2）人工智能算法

利用人工智能算法对消费者的行为数据进行分析和预测，为消费者提供个性化的商品推荐和服务，提高消费者的购买转化率和满意度。

（3）机器学习技术

利用机器学习技术对消费者的行为数据进行学习和训练，不断优化营销策略和方案，提高营销效果。

（4）多渠道营销平台

利用社交媒体、电子邮件、短信等多种渠道进行营销推广，提高营销的覆盖面和效果。

（二）智能库存管理

1. 智能时代下的智能库存管理概念与特点

（1）概念

智能库存管理是指利用物联网、大数据、人工智能等技术，对库存进行实时监测、分析和预测，实现库存的智能化管理。在智能时代，智能库存管理可以帮助企业提高库存管理效率，降低库存成本，提高客户满意度。

（2）特点

① 实时监测

利用物联网技术对库存进行实时监测，了解库存的数量、位置、状态等信息，为企业提供更加准确的库存数据。

② 数据分析与预测

利用大数据和人工智能技术对库存数据进行分析和预测，了解库存的需求趋势和变化规律，为企业提供更加科学的库存管理决策。

③ 自动化管理

利用自动化设备和机器人技术对库存进行自动化管理，提高库存管理效率，降低库存成本。

④ 协同管理

利用互联网技术实现库存的协同管理，与供应商、物流企业等合作伙伴进行信息共享和协同决策，提高供应链的效率和稳定性。

2. 智能库存管理对电商企业运营效率的提升

(1) 降低库存成本

智能库存管理可以通过对库存数据的分析和预测，实现库存的精准管理，避免库存积压和缺货现象的发生，降低库存成本。

(2) 提高库存周转率

智能库存管理可以通过对库存数据的实时监测和分析，及时调整库存管理策略，提高库存周转率，提高企业的资金使用效率。

(3) 提高客户满意度

智能库存管理可以通过对库存数据的分析和预测，实现库存的精准管理，避免缺货现象的发生，提高客户满意度。

(4) 提高供应链效率

智能库存管理可以通过与供应商、物流企业等合作伙伴进行信息共享和协同决策，提高供应链的效率和稳定性，降低供应链成本。

3. 智能库存管理的实现方法与技术支持

(1) 物联网技术

利用物联网技术对库存进行实时监测，了解库存的数量、位置、状态等信息，为企业提供更加准确的库存数据。

(2) 大数据分析

利用大数据技术对库存数据进行分析和预测，了解库存的需求趋势和变化规律，为企业提供更加科学的库存管理决策。

(3) 人工智能算法

利用人工智能算法对库存数据进行分析和预测，实现库存的智能化管理，提高库存管理效率。

(4) 自动化设备和机器人技术

利用自动化设备和机器人技术对库存进行自动化管理，提高库存管理效率，降低库存成本。

（三）高效客户服务

1. 智能时代下的高效客户服务概念与特点

（1）概念

高效客户服务是指利用人工智能、大数据、机器学习等技术，为客户提供快速、准确、个性化的服务，提高客户满意度和忠诚度。在智能时代，高效客户服务可以帮助企业提高客户服务效率，降低客户服务成本，提高企业的竞争力。

（2）特点

① 快速响应

利用人工智能和机器学习技术，对客户的问题进行快速分析和处理，为客户提供快速响应的服务。

② 准确解答

利用大数据和人工智能技术，对客户的问题进行准确分析和解答，为客户提供准确的服务。

③ 个性化服务

利用大数据和人工智能技术，对客户的行为数据进行分析和挖掘，了解客户的需求和偏好，为客户提供个性化的服务。

④ 多渠道服务

利用社交媒体、电子邮件、短信等多种渠道为客户提供服务，提高客户服务的覆盖面和效果。

2. 高效客户服务对电商企业运营效率的提升

（1）提高客户满意度和忠诚度

高效客户服务可以为客户提供快速、准确、个性化的服务，满足客户的需求和期望，提高客户满意度和忠诚度。

（2）降低客户服务成本

高效客户服务可以通过自动化和智能化的方式处理客户的问题，减少人工干预，降低客户服务成本。

（3）提高企业的竞争力

高效客户服务可以为企业树立良好的品牌形象，提高企业的竞争力。

3. 高效客户服务的实现方法与技术支持

（1）人工智能客服

利用人工智能技术开发智能客服系统，为客户提供快速、准确、个性化的服务。

（2）大数据分析

利用大数据技术对客户的行为数据进行分析和挖掘，了解客户的需求和偏好，为客户提供个性化的服务。

（3）机器学习技术

利用机器学习技术对客户的问题进行学习和训练，不断优化客服系统的性能，提高客户服务效率。

（4）多渠道服务平台

利用社交媒体、电子邮件、短信等多种渠道为客户提供服务，提高客户服务的覆盖面和效果。

三、智能时代对电子商务生态系统的重塑

（一）电商平台的变革

1. 智能技术驱动的用户体验提升

（1）个性化推荐

智能时代的电商平台利用人工智能和大数据技术，对用户的行为数据进行深度分析，为用户提供个性化的商品推荐。通过了解用户的浏览历史、购买记录、搜索关键词等信息，平台能够准确把握用户的兴趣和需求，为其推荐最符合其偏好的商品。这种个性化推荐不仅提高了用户的购物效率，也增加了用户的购买意愿和忠诚度。

（2）智能客服

电商平台的智能客服系统利用自然语言处理和机器学习技术，能够快速准确地回答用户的问题，解决用户的疑虑。智能客服可以 24 小时不间断地为用户提供服务，大大提高了用户的满意度。同时，智能客服还可以通过对用户问题的分析，为平台提供改进产品和服务的建议。

（3）虚拟现实和增强现实购物体验

虚拟现实（VR）和增强现实（AR）技术为用户带来了全新的购物体验。

用户可以通过 VR 设备在家中虚拟试穿服装、试戴首饰等，或者通过 AR 技术在现实环境中查看商品的实际效果。这种沉浸式的购物体验不仅增加了购物的乐趣，也提高了用户的购买决策准确性。

2. 平台运营模式的创新

（1）社交电商的崛起

智能时代，社交网络的普及为电商平台带来了新的发展机遇。社交电商将社交元素与电子商务相结合，通过用户的社交关系网络进行商品推广和销售。用户可以在社交平台上分享自己的购物体验和商品推荐，从而吸引更多的用户购买商品。社交电商的发展不仅拓宽了电商平台的销售渠道，也提高了用户的参与度和忠诚度。

（2）直播电商的火爆

直播电商是智能时代电商平台的又一创新模式。通过直播平台，商家可以实时展示商品的特点和使用方法，与用户进行互动交流，解答用户的问题。用户可以在观看直播的同时直接下单购买商品，这种实时互动的购物方式大大提高了用户的购买转化率。直播电商的发展不仅为商家带来了更多的销售机会，也为用户提供了更加直观和便捷的购物体验。

（3）跨境电商的发展

随着全球经济一体化的加速和消费者对海外商品的需求增加，跨境电商在智能时代得到了快速发展。电商平台通过与海外供应商合作，为用户提供丰富的海外商品选择。同时，平台利用智能物流和海关清关技术，提高了跨境商品的配送效率和通关速度。跨境电商的发展不仅满足了消费者对高品质海外商品的需求，也促进了国际贸易的发展。

3. 数据驱动的决策与管理

（1）精准营销

电商平台通过对用户数据的分析，能够准确把握用户的需求和行为特征，从而制定更加精准的营销策略。平台可以根据用户的兴趣爱好、购买历史、地理位置等因素，进行定向广告投放和个性化促销活动，提高营销效果和投资回报率。

（2）库存管理优化

智能时代的电商平台利用大数据和人工智能技术，对商品的销售趋势进行预测，实现库存的精准管理。平台可以根据销售预测结果，合理安排采购计划和库存水平，避免库存积压或缺货现象的发生，提高库存周转率和资金使用效率。

（3）风险管理

电商平台面临着各种风险，如信用风险、欺诈风险、市场风险等。智能时代，平台可以利用大数据和机器学习技术，对风险进行实时监测和预警，采取相应的风险控制措施，降低风险损失。例如，平台可以通过对用户行为数据的分析，识别潜在的欺诈行为，及时采取防范措施。

（二）供应商的变革

1. 生产模式的智能化转型

（1）智能制造

智能时代，供应商纷纷采用智能制造技术，提高生产效率和产品质量。智能制造通过物联网、大数据、人工智能等技术，实现生产过程的自动化、智能化和数字化。供应商可以实时监测生产设备的运行状态，优化生产流程，提高生产效率。同时，智能制造还可以实现个性化定制生产，满足消费者对个性化商品的需求。

（2）供应链协同

智能时代，供应商与电商平台、物流企业等合作伙伴之间的供应链协同更加紧密。通过物联网和大数据技术，供应商可以实时了解商品的销售情况和库存水平，与电商平台和物流企业进行信息共享和协同决策，提高供应链的效率和稳定性。例如，供应商可以根据电商平台的销售预测结果，提前安排生产计划，确保商品的及时供应。

（3）绿色生产

随着消费者对环保意识的提高，供应商在智能时代更加注重绿色生产。供应商采用环保材料和节能技术，减少生产过程中的环境污染和能源消耗。同时，供应商还可以通过绿色供应链管理，推动整个供应链的可持续发展。

2. 产品创新与品牌建设

（1）以用户需求为导向的产品创新

智能时代，供应商更加注重以用户需求为导向的产品创新。通过对用户数据的分析和市场调研，供应商能够准确把握用户的需求和痛点，开发出更加符合用户需求的产品。例如，供应商可以根据用户的反馈意见，对产品进行改进和升级，提高产品的用户体验。

（2）品牌建设与营销

在智能时代，品牌建设对于供应商来说至关重要。供应商需要通过优质的产品和服务，树立良好的品牌形象，提高品牌知名度和美誉度。同时，供应商还可以利用社交媒体、直播平台等新兴渠道进行品牌营销，与用户进行互动交流，增强用户对品牌的认同感和忠诚度。

（3）知识产权保护

智能时代，产品创新和品牌建设需要得到有效的知识产权保护。供应商需要加强对知识产权的管理和保护，防止知识产权被侵权和滥用。同时，供应商还可以通过知识产权的授权和转让，实现知识产权的价值最大化。

3. 与电商平台的合作模式创新

（1）数据共享与合作

智能时代，供应商与电商平台之间的数据共享和合作更加紧密。供应商可以通过与电商平台共享生产数据、库存数据、销售数据等信息，实现供应链的协同优化。同时，电商平台也可以利用供应商的数据，为用户提供更加精准的商品推荐和服务。

（2）联合营销与推广

供应商与电商平台可以开展联合营销和推广活动，共同提高品牌知名度和产品销量。例如，供应商可以与电商平台合作推出定制化商品，或者在电商平台上举办品牌促销活动。通过联合营销和推广，双方可以实现资源共享和优势互补，提高营销效果和投资回报率。

（3）供应链金融合作

智能时代，供应链金融为供应商和电商平台之间的合作提供了新的机遇。供应商可以通过与电商平台合作的金融机构获得融资支持，缓解资金压力。同时，电商平台也可以通过供应链金融服务，提高供应链的稳定性和效率。例如，电商平台可以为供应商提供应收账款融资、库存融资等金融服务，帮助供应商解决资金周转问题。

（三）物流企业的变革

1. 智能物流技术的应用

（1）自动化仓储与分拣

智能时代，物流企业纷纷采用自动化仓储和分拣技术，提高物流效率和准确性。自动化仓储系统通过机器人、堆垛机等设备，实现货物的自动存储和取出。自动化分拣系统则利用传感器、图像识别等技术，实现货物的快速分拣和配送。这些技术的应用大大提高了物流企业的作业效率，降低了人力成本和错误率。

（2）无人机和无人车配送

无人机和无人车配送是智能时代物流企业的创新尝试。无人机可以在偏远地区和交通拥堵地区进行快速配送，无人车则可以在城市道路上进行货物配送。这些新型配送方式不仅提高了配送效率，也降低了配送成本和环境污染。

（3）物流大数据与智能调度

物流企业利用大数据和人工智能技术，对物流数据进行分析和挖掘，实现物流配送的智能调度。通过对货物的运输路线、配送时间、车辆负载等因素的分析，物流企业可以制定最优的配送方案，提高物流配送的效率和准确性。同时，物流企业还可以通过对物流数据的实时监测和预警，及时处理物流异常情况，提高物流服务质量。

2. 物流服务模式的创新

（1）即时配送

随着消费者对物流配送速度的要求越来越高，即时配送成为智能时代物流企业的重要服务模式。即时配送通过优化配送网络和配送流程，实现货物的快速送达。例如，物流企业可以在城市中心设立多个配送站点，利用电动车、摩托车等小型交通工具进行快速配送。即时配送的发展不仅满足了消费者对快速配送的需求，也为电商平台的发展提供了有力支持。

（2）冷链物流

随着生鲜食品电商的发展，冷链物流在智能时代得到了快速发展。冷链物流通过对货物的温度、湿度等环境因素进行实时监测和控制，确保生鲜食品在运输过程中的质量和安全。物流企业可以采用冷藏车、冷藏箱等设备，实现生鲜食品的全程冷链配送。冷链物流的发展不仅满足了消费者对生鲜食品的需求，也促进了生鲜食品电商的发展。

（3）跨境物流

智能时代，跨境电商的发展对物流企业的跨境物流服务提出了更高的要求。物流企业需要通过与海关、货代等合作伙伴的协同合作，提高跨境物流的通关效率和配送速度。同时，物流企业还可以利用物联网和大数据技术，对跨境物流进行全程跟踪和监控，确保货物的安全和及时送达。跨境物流的发展不仅促进了国际贸易的发展，也为电商平台的国际化发展提供了有力支持。

3. 与电商平台和供应商的合作深化

（1）信息共享与协同决策

物流企业与电商平台和供应商之间的信息共享和协同决策更加紧密。通过物联网和大数据技术，物流企业可以实时了解商品的销售情况和库存水平，与电商平台和供应商进行信息共享和协同决策，提高供应链的效率和稳定性。例如，物流企业可以根据电商平台的销售预测结果，提前安排配送计划，确保商品的及时供应。

（2）共同打造智能物流生态系统

物流企业、电商平台和供应商可以共同打造智能物流生态系统，实现资源共享和优势互补。例如，三方可以共同投资建设智能物流园区，整合物流资源，提高物流效率。同时，三方还可以共同开发智能物流技术，推动物流行业的智能化发展。

（3）绿色物流合作

在智能时代，绿色物流成为物流企业、电商平台和供应商共同关注的问题。三方可以共同推动绿色物流的发展，采用环保包装材料、优化配送路线、推广新能源车辆等措施，减少物流对环境的影响。绿色物流的发展不仅符合社会可持续发展的要求，也为企业树立了良好的社会形象。

（四）金融机构的变革

1. 金融服务的创新与拓展

（1）供应链金融

智能时代，金融机构为电商生态系统中的供应商和物流企业提供供应链金融服务。通过对供应链上的交易数据进行分析和评估，金融机构可以为供应商提供应收账款融资、库存融资等服务，为物流企业提供运费融资、设备融资等服务。供应链金融的发展不仅解决了供应商和物流企业的资金周转问题，也提高了整个供应链的稳定性和效率。

（2）消费金融

金融机构为电商平台的消费者提供消费金融服务，如信用卡分期、消费贷款等。消费金融的发展不仅提高了消费者的购买能力，也促进了电商平台的销售增长。同时，金融机构还可以通过对消费者的信用评估和风险控制，降低消费金融业务的风险。

（3）跨境支付与结算

随着跨境电商的发展，金融机构为电商平台和消费者提供跨境支付与结算服务。通过与国际支付机构和银行的合作，金融机构可以实现跨境资金的快速结算和支付，提高跨境电商的交易效率和安全性。同时，金融机构还可以为跨境电商企业提供汇率风险管理等服务，降低企业的汇率风险。

2. 风险评估与管理的智能化

（1）大数据风控

金融机构利用大数据和人工智能技术，对电商生态系统中的企业和消费者进行风险评估和管理。通过对企业的财务数据、交易数据、信用记录等信息的分析，金融机构可以准确评估企业的信用风险和经营风险。同时，金融机构还可以通过对消费者的消费行为、信用记录等信息的分析，评估消费者的信用风险和还款能力。大数据风控的应用提高了金融机构的风险评估准确性和风险管理效率，降低了金融业务的风险。

（2）区块链技术的应用

区块链技术具有去中心化、不可篡改、可追溯等特点，为金融机构的风险评估和管理提供了新的解决方案。金融机构可以利用区块链技术建立信用评估体系，实现企业和消费者信用信息的安全存储和共享。同时，金融机构还可以利用区块链技术进行跨境支付和结算，提高支付的安全性和效率。区块链技术的应用为金融机构的风险评估和管理带来了新的机遇和挑战。

3. 与电商平台和物流企业的合作深化

（1）数据共享与合作

金融机构与电商平台和物流企业之间的数据共享和合作更加紧密。金融机构可以通过与电商平台和物流企业共享交易数据、物流数据等信息，实现风险评估和管理的智能化。同时，电商平台和物流企业也可以利用金融机构的数据分析和风险评估能力，提高自身的业务决策准确性和风险管理水平。

（2）联合创新与服务拓展

金融机构与电商平台和物流企业可以开展联合创新和服务拓展活动，共同为电商生态系统中的企业和消费者提供更加优质的金融服务。例如，三方可以共同开发基于区块链技术的供应链金融平台，或者推出针对电商物流行业的保险产品。通过联合创新和服务拓展，三方可以实现资源共享和优势互补，提高金融服务的创新能力和市场竞争力。

（3）金融科技合作

金融机构与电商平台和物流企业可以在金融科技领域开展合作，共同推动金融科技的发展和应用。例如，三方可以共同投资建设金融科技研发中心，开展人工智能、大数据、区块链等技术的研发和应用。金融科技合作的发展不仅为金融机构的业务创新提供了技术支持，也为电商平台和物流企业的业务发展提供了金融服务保障。

第二章　人工智能在电子商务中的应用

第一节　智能商品推荐系统的原理与优势

一、智能商品推荐系统的原理

（一）数据收集与处理

1. 用户行为数据收集

（1）浏览历史

用户在网站或应用上的浏览历史是推荐系统的重要数据来源之一。通过记录用户浏览的商品页面、停留时间、点击次数等信息，可以了解用户的兴趣偏好。例如，用户频繁浏览某一类型的商品，如电子产品中的手机，说明用户对手机可能有较高的兴趣。

（2）购买记录

购买记录是最直接反映用户需求的行为数据。用户购买的商品种类、品牌、价格区间等信息，可以为推荐系统提供明确的用户偏好线索。例如，用户多次购买某个品牌的运动鞋，推荐系统可以推断用户对该品牌有较高的认可度，进而推荐该品牌的其他款式或相关运动装备。

（3）搜索关键词

用户的搜索关键词反映了他们当前的特定需求。例如，用户搜索"户外帐篷"，说明用户可能正在计划户外活动，推荐系统可以据此推荐相关的户外装备，如睡袋、防潮垫、登山杖等。

（4）收藏夹内容

用户收藏的商品通常是他们感兴趣但尚未决定购买的。分析收藏夹中的商品类型、特点等，可以更好地理解用户的潜在需求。例如，用户收藏了多款时尚连衣裙，推荐系统可以推荐与之搭配的饰品、包包等。

2. 商品数据收集

（1）商品名称、描述

商品的名称和描述包含了丰富的信息，可以帮助推荐系统了解商品的属性和特点。例如，一款手机的描述中提到"高清摄像头、大容量电池、快速充电"等特点，这些信息可以用于与用户需求进行匹配。

（2）价格

商品的价格是用户购买决策的重要因素之一。推荐系统可以根据用户的历史购买价格区间，推荐价格相近的商品。同时，对于价格敏感的用户，可以推荐一些性价比高的商品。

（3）类别

商品的类别信息有助于对商品进行分类和组织，方便推荐系统根据用户的兴趣类别进行推荐。例如，用户经常浏览电子产品类别中的笔记本电脑，推荐系统可以在该类别下为用户推荐新的笔记本电脑型号或相关配件。

（4）品牌

品牌也是用户选择商品的重要考虑因素。一些用户对特定品牌有较高的忠诚度，推荐系统可以根据用户的品牌偏好进行推荐。例如，用户多次购买某一品牌的服装，推荐系统可以优先推荐该品牌的新款服装。

（5）销量、评价

商品的销量和评价可以反映商品的受欢迎程度和质量。推荐系统可以优先推荐销量高、评价好的商品，提高用户的购买信心。例如，一款商品有大量的好评，说明该商品在质量、性能等方面得到了用户的认可，推荐系统可以将其推荐给有类似需求的用户。

3. 数据清洗与预处理

（1）去除重复数据

在数据收集过程中，可能会出现重复的数据记录。去除重复数据可以减少数据存储量，提高数据处理效率。例如，用户可能在不同时间浏览了同一商品页面，这些重复的浏览记录可以被去除。

（2）处理缺失值

由于各种原因，收集到的数据中可能存在缺失值。对于缺失值的处理方法有多种，如使用平均值、中位数、众数等进行填充，或者根据其他相关数据进行推断填充。例如，对于某一商品的价格缺失，可以使用该商品所属类别的平均价格进行填充。

（3）纠正错误数据

数据中可能存在错误的数据记录，如价格异常高或低、商品类别错误等。需要对这些错误数据进行纠正，以保证数据的准确性。例如，一款手机的价格被错误地记录为过高的数值，可以通过与其他销售渠道的价格进行对比进行纠正。

（4）数据标准化、归一化

为了使不同特征的数据具有可比性，需要进行数据标准化和归一化处理。标准化可以将数据转化为具有零均值和单位方差的分布，归一化可以将数据映射到特定的区间内。例如，将商品价格进行归一化处理，使价格在 ［0，1］ 区间内，方便后续的数据分析和建模。

（5）离散化

对于一些连续的数值特征，如价格、用户评分等，可以进行离散化处理。离散化可以将连续的数据划分成若干个区间，便于推荐系统进行分类和推荐。例如，将用户评分分为高、中、低三个等级，根据用户的评分等级进行推荐。

（二）推荐算法

1. 协同过滤算法

（1）基于用户的协同过滤算法

① 原理

基于用户的协同过滤算法首先计算用户之间的相似度，然后根据与目标用户相似的用户对商品的评价，预测目标用户对未评价商品的喜好程度，并进行推荐。相似度的计算可以采用多种方法，如余弦相似度、皮尔逊相关系数等。

② 步骤

计算用户相似度：根据用户的行为数据，如购买记录、浏览历史等，计算用户之间的相似度。

选择相似用户：选择与目标用户相似度较高的一组用户作为相似用户。

预测用户喜好：根据相似用户对商品的评价，预测目标用户对未评价商品的喜好程度。

进行推荐：将预测喜好程度较高的商品推荐给目标用户。

③ 示例

假设用户 A 和用户 B 都购买了商品 X、Y、Z，用户 C 购买了商品 X、Y。通过计算用户之间的相似度，可以发现用户 A 和用户 B 相似度较高。如果用户 B 还购买了商品 W，那么可以将商品 W 推荐给用户 A。

（2）基于物品的协同过滤算法

① 原理

基于物品的协同过滤算法首先计算商品之间的相似度，然后根据目标用户历史上喜欢的商品，推荐与其相似的其他商品。商品相似度的计算可以基于用户的共同购买行为、评分等信息。

② 步骤

计算商品相似度：根据用户的行为数据，计算商品之间的相似度。

选择相似商品：选择与目标用户历史上喜欢的商品相似度较高的一组商品作为相似商品。

进行推荐：将相似商品推荐给目标用户。

③ 示例

假设用户 A 购买了商品 X、Y，商品 Z 与商品 X、Y 被很多用户共同购买，那么可以将商品 Z 推荐给用户 A。

2. 内容过滤算法

（1）原理

内容过滤算法基于商品的内容信息进行推荐，它通过分析商品的描述、属性、标签等内容，提取商品的特征向量，然后根据用户的兴趣偏好和历史行为，计算用户与商品之间的相似度，进行推荐。

（2）步骤

① 商品特征提取：对商品的内容信息进行分析，提取商品的特征向量。

② 用户兴趣建模：根据用户的历史行为数据，构建用户的兴趣模型。

③ 计算相似度：计算用户兴趣模型与商品特征向量之间的相似度。

④ 进行推荐：将相似度较高的商品推荐给用户。

（3）示例

假设一款手机的特征向量包括"大屏幕、高像素摄像头、长续航"等特征，用户历史上喜欢的手机也具有类似的特征。当有一款新手机具有"大屏幕、高像素摄像头、长续航"等特征时，可以将其推荐给该用户。

3. 混合推荐算法

（1）原理

为了提高推荐系统的准确性和多样性，通常会采用混合推荐算法，将协同过滤算法和内容过滤算法结合起来。混合推荐算法可以充分发挥两种算法的优势，弥补各自的不足，为用户提供更加个性化、精准的推荐服务。

（2）方法

① 加权融合：将协同过滤算法和内容过滤算法的推荐结果进行加权融合，得到最终的推荐结果。权重可以根据实际情况进行调整，以达到最佳的推荐效果。

② 切换融合：根据不同的情况选择不同的推荐算法。例如，当用户的历史行为数据较少时，采用内容过滤算法；当用户的历史行为数据丰富时，采用协同过滤算法。

③ 特征融合：将协同过滤算法和内容过滤算法提取的特征进行融合，然后使用融合后的特征进行推荐。

（3）示例

假设通过协同过滤算法推荐了商品 A、B、C，通过内容过滤算法推荐了商品 B、C、D。可以采用加权融合的方法，将两种算法的推荐结果进行加权，得到最终的推荐商品。如果协同过滤算法的权重为 0.6，内容过滤算法的权重为 0.4，那么最终的推荐商品可能是商品 B、C 和商品 A、D 的加权组合。

（三）模型训练与优化

1. 模型选择与搭建

（1）模型选择

根据推荐系统的应用场景和数据特点，选择合适的推荐算法和模型结构。常见的推荐模型包括矩阵分解模型、深度学习模型、图神经网络模型等。

矩阵分解模型：矩阵分解模型将用户－商品矩阵分解为用户特征矩阵和

商品特征矩阵，通过学习用户和商品的潜在特征，进行推荐。该模型具有简单、高效的特点，适用于大规模数据的推荐任务。

深度学习模型：深度学习模型如深度神经网络、卷积神经网络、循环神经网络等，可以自动学习数据中的复杂特征和模式，具有强大的表示能力和泛化能力。该模型适用于数据量大、特征复杂的推荐任务。

图神经网络模型：图神经网络模型将用户和商品视为节点，用户与商品之间的交互关系视为边，通过学习图的结构和节点特征，进行推荐。该模型适用于具有复杂关系结构的数据，如社交网络中的商品推荐。

（2）模型搭建

在搭建模型时，需要确定模型的输入输出、参数设置、损失函数等。

输入：模型的输入通常包括用户特征、商品特征和用户与商品的交互特征等。用户特征可以包括用户的年龄、性别、地域等基本信息，以及用户的历史行为数据；商品特征可以包括商品的名称、描述、价格、类别等信息；交互特征可以包括用户对商品的评分、点击、购买等行为。

输出：模型的输出通常是用户对商品的预测评分或推荐列表。

参数设置：根据模型的类型和数据特点，设置合适的参数，如学习率、正则化系数、隐藏层维度等。

损失函数：选择合适的损失函数来衡量模型的预测误差，常见的损失函数有均方误差、交叉熵等。

2. 模型训练

（1）数据划分

将收集到的用户行为数据和商品数据划分为训练集、验证集和测试集。训练集用于模型的训练，验证集用于模型的参数调整和超参数优化，测试集用于评估模型的性能。

（2）训练过程

使用训练集对推荐模型进行训练。在训练过程中，通过不断调整模型的参数，使模型能够更好地拟合数据，提高推荐的准确性。训练方法可以采用随机梯度下降、Adam 等优化算法。

（3）超参数优化

超参数是在模型训练之前需要设置的参数，如学习率、正则化系数、隐藏层维度等。超参数的选择对模型的性能有很大的影响，需要进行优化。超参数优化可以采用网格搜索、随机搜索、贝叶斯优化等方法。

3. 模型评估与优化

（1）模型评估

使用评估指标对训练好的模型进行评估，如准确率、召回率、覆盖率、多样性等。

准确率：准确率是指推荐系统推荐的商品中用户真正感兴趣的商品所占的比例。准确率越高，说明推荐系统的准确性越高。

召回率：召回率是指用户真正感兴趣的商品中被推荐系统推荐的商品所占的比例。召回率越高，说明推荐系统能够发现更多用户感兴趣的商品。

覆盖率：覆盖率是指推荐系统能够推荐的商品占总商品数量的比例。覆盖率越高，说明推荐系统能够覆盖更多的商品，为用户提供更多的选择。

多样性：多样性是指推荐系统推荐的商品的多样性程度。多样性越高，说明推荐系统能够为用户提供更多不同类型的商品，满足用户的多样化需求。

（2）模型优化

根据评估结果，对模型进行优化，如调整模型结构、增加数据特征、改进推荐算法等，以提高推荐系统的性能。

调整模型结构：可以尝试增加或减少隐藏层的数量、改变神经元的激活函数等，以提高模型的性能。

增加数据特征：可以收集更多的用户行为数据和商品数据，提取更多的特征，如用户的社交关系、商品的图片特征等，以提高推荐的准确性。

改进推荐算法：可以尝试新的推荐算法或对现有算法进行改进，如结合深度学习和强化学习的推荐算法等，以提高推荐系统的性能。

二、智能商品推荐系统的优势

（一）提高用户体验

1. 个性化推荐

（1）理解用户需求

智能商品推荐系统能够通过分析用户的浏览历史、购买记录、搜索关键词等行为数据，深入了解用户的兴趣爱好、消费习惯和需求偏好。例如，一个经常购买运动装备的用户，推荐系统会识别出他对运动相关商品的兴趣，为他推荐适合的运动鞋、运动服装和运动器材等。

（2）精准推荐商品

基于对用户需求的理解，推荐系统可以为用户提供精准的商品推荐。这些推荐不仅符合用户的兴趣爱好，还能满足他们的实际需求。例如，对于一个正在准备旅行的用户，推荐系统可以根据他的目的地和旅行时间，推荐合适的行李箱、旅行用品和当地特色商品等。

（3）节省时间和精力

个性化推荐可以帮助用户快速找到自己感兴趣的商品，节省他们在海量商品中搜索和筛选的时间和精力。用户不再需要花费大量时间浏览无关的商品，而是能够直接看到符合自己需求的推荐，提高购物效率。

2. 发现潜在需求

（1）拓展用户视野

智能商品推荐系统不仅可以推荐用户已经表现出兴趣的商品，还能通过分析用户的行为数据和商品之间的关联关系，发现用户的潜在需求。例如，一个用户购买了一本关于摄影的书籍，推荐系统可能会推荐相关的摄影器材、摄影课程或者摄影展览等，拓展用户的视野，让他们了解到更多与自己兴趣相关的商品和服务。

（2）激发购买欲望

通过发现用户的潜在需求，推荐系统可以为用户提供一些他们可能感兴趣但尚未意识到的商品推荐。这些推荐可以激发用户的购买欲望，促使他们尝试新的商品和服务。例如，一个用户经常购买护肤品，推荐系统可以推荐一些新的护肤品牌或者护肤方法，让用户有机会尝试不同的产品，满足他们对美的追求。

（3）提供个性化的购物体验

发现潜在需求的推荐可以让用户感受到推荐系统的个性化服务，提高他们的购物满意度。用户会觉得推荐系统真正了解他们的需求，为他们提供了有价值的建议和推荐。这种个性化的购物体验可以增强用户对商家的信任和忠诚度。

3. 提供决策支持

(1) 商品信息丰富

智能商品推荐系统可以为用户提供丰富的商品信息，包括商品的描述、图片、价格、评价等。这些信息可以帮助用户更好地了解商品的特点和优势，为他们的购买决策提供参考。例如，用户在考虑购买一款手机时，推荐系统可以提供手机的详细参数、用户评价和专家评测等信息，让用户能够全面了解手机的性能和质量。

(2) 比较和选择

推荐系统可以为用户提供类似商品的比较和推荐，帮助他们在多个商品中进行选择。例如，用户在选择一款笔记本电脑时，推荐系统可以列出不同品牌和型号的笔记本电脑的特点和价格，让用户能够根据自己的需求和预算进行比较和选择。

(3) 降低购买风险

通过提供丰富的商品信息和比较推荐，智能商品推荐系统可以帮助用户降低购买风险。用户可以更加清楚地了解商品的质量和性能，避免购买到不适合自己的商品。同时，用户评价和专家评测等信息也可以让用户更加信任商品的质量和商家的服务，提高购买的信心。

（二）提高商家销售业绩

1. 增加商品曝光度

(1) 推荐系统的展示位置

智能商品推荐系统可以在网站首页、商品详情页、购物车页面等多个位置展示推荐商品。这些位置通常是用户浏览频率较高的地方，能够有效地提高商品的曝光度。例如，在网站首页的推荐栏中展示热门商品和新品推荐，可以吸引用户的注意力，引导他们进入商品详情页进行了解和购买。

(2) 个性化推荐的效果

个性化推荐可以根据用户的兴趣爱好和行为数据，为每个用户展示不同的推荐商品。这种个性化的展示方式可以提高商品的针对性和吸引力，增加用户的点击和购买概率。例如，对于一个喜欢阅读小说的用户，推荐系统可以在他的个人页面上展示最新的小说推荐，提高小说类商品的曝光度。

（3）跨渠道推荐

智能商品推荐系统还可以实现跨渠道推荐，将商品推荐展示在不同的渠道上，如移动应用、社交媒体、电子邮件等。这种跨渠道的推荐方式可以扩大商品的曝光范围，吸引更多的潜在用户。例如，商家可以通过电子邮件向用户发送个性化的商品推荐，引导他们回到网站进行购买。

2. 提高转化率

（1）精准推荐的作用

精准的商品推荐可以提高用户对推荐商品的兴趣和购买意愿，从而提高转化率。当用户看到自己感兴趣的商品推荐时，他们更有可能点击进入商品详情页进行了解和购买。例如，一个用户正在浏览一款手机，推荐系统可以根据他的浏览历史和购买记录，为他推荐相关的手机配件，如手机壳、充电器、耳机等，提高用户的购买转化率。

（2）个性化营销的效果

智能商品推荐系统可以结合个性化营销手段，如优惠券、折扣活动等，提高用户的购买转化率。例如，商家可以根据用户的兴趣爱好和购买历史，为他们提供个性化的优惠券和折扣活动，吸引他们进行购买。同时，推荐系统还可以在用户购物过程中适时地推荐相关的商品和促销活动，提高用户的购买决策速度。

（3）优化用户体验

提高转化率不仅仅是通过推荐商品来实现，还需要优化用户体验。智能商品推荐系统可以通过提供快速的搜索功能、简洁的购物流程、良好的客户服务等方式，提高用户的购物体验，从而提高转化率。例如，用户在购物过程中遇到问题时，推荐系统可以及时提供客户服务支持，解决用户的问题，提高用户的满意度和忠诚度。

3. 优化库存管理

（1）需求预测

智能商品推荐系统可以通过分析用户的行为数据和商品销售趋势，对用户的需求进行预测。商家可以根据这些预测结果，合理安排库存，避免库存积压或缺货的情况发生。例如，推荐系统可以根据用户的购买历史和搜索关键词，预测未来一段时间内哪些商品可能会受到用户的欢迎，商家可以提前采购这些商品，保证库存充足。

（2）库存优化

推荐系统可以结合库存管理系统，实现库存的优化管理。例如，当某种商品的库存过多时，推荐系统可以加大对该商品的推荐力度，提高销售速度；当某种商品的库存过少时，推荐系统可以减少对该商品的推荐，避免用户下单后无法及时发货的情况发生。同时，推荐系统还可以根据商品的销售速度和库存水平，调整商品的采购计划和补货策略，提高库存管理的效率。

（3）减少滞销商品

智能商品推荐系统可以通过分析商品的销售数据和用户评价，发现滞销商品。商家可以针对这些滞销商品采取促销活动、降价处理等措施，提高商品的销售速度，减少库存积压。同时，推荐系统还可以根据用户的反馈和需求，调整商品的推荐策略，避免再次推荐滞销商品，提高推荐的准确性和有效性。

（三）降低营销成本

1. 精准营销

（1）目标用户定位

智能商品推荐系统可以通过分析用户的行为数据和兴趣爱好，精准定位目标用户。商家可以将营销资源集中在这些目标用户身上，提高营销效果，降低营销成本。例如，商家可以根据用户的购买历史和浏览记录，将目标用户分为不同的群体，如高价值用户、潜在用户、流失用户等，针对不同的用户群体制定不同的营销策略，提高营销的针对性和有效性。

（2）个性化营销内容

推荐系统可以根据用户的兴趣爱好和需求偏好，为用户提供个性化的营销内容。例如，对于一个喜欢运动的用户，商家可以为他提供运动装备的促销信息、运动课程的推荐等；对于一个喜欢美食的用户，商家可以为他提供美食优惠券、美食推荐等。这种个性化的营销内容可以提高用户的关注度和参与度，降低营销成本。

（3）营销效果评估

智能商品推荐系统可以通过分析用户的反馈和行为数据，对营销效果进行评估。商家可以根据评估结果，调整营销策略和营销内容，提高营销效果，降低营销成本。例如，商家可以通过分析用户的点击率、转化率、购买金额等指标，评估营销活动的效果，找出不足之处，进行改进和优化。

2. 减少广告投放

（1）推荐系统的替代作用

智能商品推荐系统可以在一定程度上替代传统的广告投放方式。通过为用户提供个性化的商品推荐，推荐系统可以直接将商品展示给用户，提高用户的购买意愿和转化率。相比之下，传统的广告投放方式往往是面向大众的，缺乏针对性和个性化，效果不如推荐系统显著。因此，商家可以减少对传统广告渠道的依赖，降低广告投放成本。

（2）广告投放的优化

虽然推荐系统可以替代部分广告投放，但在某些情况下，广告投放仍然是必要的。智能商品推荐系统可以结合广告投放，实现广告投放的优化。例如，推荐系统可以根据用户的兴趣爱好和行为数据，为用户推荐相关的广告内容，提高广告的点击率和转化率。同时，推荐系统还可以对广告投放的效果进行评估，调整广告投放的策略和渠道，提高广告投放的效率和效果。

（3）社交媒体营销

智能商品推荐系统可以与社交媒体营销相结合，实现营销成本的降低。商家可以通过社交媒体平台，如微信、微博、抖音等，将商品推荐分享给用户，吸引用户的关注和参与。同时，推荐系统可以根据用户在社交媒体上的行为数据和反馈，调整商品的推荐策略和营销内容，提高营销效果。这种社交媒体营销方式成本较低，效果显著，可以有效地降低营销成本。

3. 提高用户忠诚度

（1）个性化服务的价值

智能商品推荐系统可以为用户提供个性化的服务，满足用户的需求和期望。这种个性化的服务可以提高用户的满意度和忠诚度，减少用户的流失率。用户会更加愿意选择提供个性化服务的商家进行购物，从而为商家带来更多的销售机会和利润。

（2）会员制度的作用

商家可以通过建立会员制度，为用户提供更多的优惠和服务，提高用户的忠诚度。智能商品推荐系统可以结合会员制度，为会员用户提供更加个性化的商品推荐和营销内容。例如，会员用户可以享受优先推荐、专属折扣、积分兑换等优惠，提高他们的购物体验和满意度。

（3）用户反馈和互动

智能商品推荐系统可以为用户提供反馈和互动的渠道，让用户能够及时反馈自己的需求和意见。商家可以根据用户的反馈和意见，调整商品的推荐策略和营销内容，提高用户的满意度和忠诚度。同时，用户的反馈和互动也可以增强用户与商家之间的沟通和信任，提高用户的忠诚度和口碑效应。

三、智能商品推荐系统在不同领域的应用

（一）电子商务领域的应用

1. 个性化商品推荐

（1）基于用户行为的推荐

智能商品推荐系统可以通过分析用户的浏览历史、购买记录、搜索关键词等行为数据，了解用户的兴趣偏好和购买意向。然后，根据这些信息为用户推荐个性化的商品。例如，如果用户经常浏览和购买电子产品，系统就会推荐相关的电子产品，如手机、平板电脑、耳机等。

（2）基于商品属性的推荐

除了用户行为数据，智能商品推荐系统还可以基于商品的属性进行推荐。例如，根据商品的类别、品牌、价格、颜色、尺寸等属性，为用户推荐相似的商品。如果用户正在查看一款蓝色的衬衫，系统可以推荐其他蓝色的衬衫或者相似颜色的服装。

（3）实时推荐

在电子商务领域，用户的需求和兴趣可能会随时发生变化。因此，智能商品推荐系统需要能够实时地分析用户的行为数据，并为用户提供实时的商品推荐。例如，当用户在浏览商品时，系统可以根据用户的实时行为，为用户推荐相关的商品或者促销活动。

2. 购物车推荐

（1）相关商品推荐

当用户将商品添加到购物车中时，智能商品推荐系统可以为用户推荐与购物车中商品相关的其他商品。例如，如果用户在购物车中添加了一款手机，

系统可以推荐手机壳、充电器、耳机等相关配件。

（2）搭配推荐

除了相关商品推荐，智能商品推荐系统还可以为用户提供搭配推荐。例如，如果用户在购物车中添加了一件上衣，系统可以推荐与之搭配的裤子、鞋子、包包等商品，帮助用户完成整体搭配。

（3）促销推荐

购物车推荐还包括促销推荐。当用户将商品添加到购物车中时，系统可以根据用户的购物车内容和历史购买记录，为用户推荐相关的促销活动，如满减、折扣、赠品等，鼓励用户完成购买。

3. 订单推荐

（1）再次购买推荐

在用户完成一次购买后，智能商品推荐系统可以根据用户的购买记录，为用户推荐可能再次购买的商品。例如，如果用户购买了一款洗发水，系统可以在一段时间后推荐该品牌的其他洗发水或者相关的护发产品。

（2）相关商品推荐

除了再次购买推荐，智能商品推荐系统还可以为用户提供与已购买商品相关的其他商品推荐。例如，如果用户购买了一台电脑，系统可以推荐电脑配件、软件、周边设备等相关商品。

（3）个性化推荐

订单推荐也可以基于用户的个性化需求进行推荐。系统可以分析用户的购买历史、浏览历史、搜索关键词等信息，为用户提供个性化的商品推荐。例如，如果用户经常购买运动装备，系统可以在用户完成一次购买后，推荐相关的运动营养品、运动服装等商品。

（二）在线娱乐领域的应用

1. 视频推荐

（1）基于用户兴趣的推荐

在在线视频平台上，智能商品推荐系统可以根据用户的观看历史、收藏夹内容、评分记录等信息，了解用户的兴趣偏好，并为用户推荐相关的视频内容。例如，如果用户经常观看科幻电影，系统就会推荐其他科幻电影或者相关的科幻电视剧、纪录片等。

（2）基于视频内容的推荐

除了用户兴趣偏好，智能商品推荐系统还可以基于视频的内容进行推荐。例如，根据视频的类型、主题、演员、导演等信息，为用户推荐相似的视频内容。如果用户正在观看一部动作电影，系统可以推荐其他动作电影或者由相同导演执导的电影。

（3）实时推荐

在线视频平台上的用户需求和兴趣也可能会随时发生变化。因此，智能商品推荐系统需要能够实时地分析用户的观看行为，并为用户提供实时的视频推荐。例如，当用户在观看视频时，系统可以根据用户的实时观看进度和行为，为用户推荐相关的视频内容或者下一集的播放。

2. 音乐推荐

（1）基于用户喜好的推荐

在音乐播放平台上，智能商品推荐系统可以根据用户的听歌历史、收藏夹内容、评分记录等信息，了解用户的音乐喜好，并为用户推荐相关的音乐作品。例如，如果用户经常听流行音乐，系统就会推荐其他流行音乐或者相关的歌手、乐队的作品。

（2）基于音乐风格的推荐

除了用户喜好，智能商品推荐系统还可以基于音乐的风格进行推荐。例如，根据音乐的流派、节奏、旋律等信息，为用户推荐相似的音乐作品。如果用户正在听一首摇滚歌曲，系统可以推荐其他摇滚歌曲或者相关的音乐风格，如重金属、朋克等。

（3）个性化电台推荐

音乐播放平台上的智能商品推荐系统还可以为用户提供个性化电台推荐。根据用户的音乐喜好和历史收听记录，系统可以为用户创建个性化的电台，播放符合用户口味的音乐作品。用户可以随时调整电台的风格和偏好，以满足自己的音乐需求。

3. 游戏推荐

（1）基于用户兴趣的推荐

在游戏平台上，智能商品推荐系统可以根据用户的游戏历史、收藏夹内容、评分记录等信息，了解用户的游戏兴趣，并为用户推荐相关的游戏作品。

例如，如果用户经常玩角色扮演游戏，系统就会推荐其他角色扮演游戏或者相关的游戏类型，如动作角色扮演、策略角色扮演等。

（2）基于游戏特点的推荐

除了用户兴趣偏好，智能商品推荐系统还可以基于游戏的特点进行推荐。例如，根据游戏的画面风格、玩法机制、剧情设定等信息，为用户推荐相似的游戏作品。如果用户正在玩一款画面精美的游戏，系统可以推荐其他画面精美的游戏或者具有相似玩法机制的游戏。

（3）社交推荐

游戏平台上的智能商品推荐系统还可以利用社交网络的力量进行推荐。例如，根据用户的好友列表、社交群组、游戏社区等信息，为用户推荐好友正在玩的游戏或者热门的游戏作品。用户可以通过社交推荐发现新的游戏作品，并与好友一起玩游戏，增加游戏的乐趣和社交互动。

（三）社交媒体领域的应用

1. 内容推荐

（1）基于用户兴趣的推荐

在社交媒体平台上，智能商品推荐系统可以根据用户的关注列表、点赞记录、评论内容等信息，了解用户的兴趣偏好，并为用户推荐相关的内容。例如，如果用户经常关注美食博主，系统就会推荐其他美食相关的内容，如美食图片、美食视频、美食文章等。

（2）基于社交关系的推荐

除了用户兴趣偏好，智能商品推荐系统还可以基于用户的社交关系进行推荐。例如，根据用户的好友列表、关注列表、社交群组等信息，为用户推荐好友发布的内容或者与好友相关的内容。如果用户的好友发布了一篇旅游文章，系统可以推荐给用户，让用户了解好友的旅游经历。

（3）实时推荐

社交媒体平台上的内容更新速度非常快，用户的需求和兴趣也可能会随时发生变化。因此，智能商品推荐系统需要能够实时地分析用户的行为数据，并为用户提供实时的内容推荐。例如，当用户在浏览社交媒体平台时，系统可以根据用户的实时行为，为用户推荐相关的热门话题、新闻事件、娱乐八卦等内容。

2. 广告推荐

（1）个性化广告推荐

在社交媒体平台上，智能商品推荐系统可以根据用户的兴趣偏好、行为数据、社交关系等信息，为用户推荐个性化的广告内容。例如，如果用户经常关注时尚品牌，系统就会推荐相关的时尚品牌广告；如果用户最近购买了一款手机，系统可以推荐手机配件的广告。

（2）精准定位目标用户

通过智能商品推荐系统，广告主可以精准定位目标用户，提高广告的投放效果和转化率。例如，广告主可以根据用户的年龄、性别、地域、兴趣爱好等特征，选择合适的用户群体进行广告投放。智能商品推荐系统可以根据广告主的需求，为其推荐最符合目标用户特征的广告投放渠道和方式。

（3）广告效果评估

智能商品推荐系统还可以对广告的投放效果进行评估，为广告主提供数据支持和决策依据。例如，系统可以统计广告的曝光量、点击量、转化率等数据，评估广告的效果；系统还可以根据用户的反馈和行为数据，调整广告的投放策略和内容，提高广告的效果。

3. 社交电商推荐

（1）基于用户兴趣的商品推荐

在社交媒体平台上，智能商品推荐系统可以根据用户的兴趣偏好、行为数据、社交关系等信息，为用户推荐相关的商品。例如，如果用户经常关注时尚博主，系统就会推荐时尚品牌的商品；如果用户最近参加了一场户外运动，系统可以推荐相关的运动装备。

（2）社交推荐

社交电商推荐还可以利用社交网络的力量进行推荐。例如，根据用户的好友列表、关注列表、社交群组等信息，为用户推荐好友购买过的商品或者热门的商品。用户可以通过社交推荐了解商品的口碑和评价，增加购买的信心。

（3）个性化营销推荐

智能商品推荐系统可以根据用户的行为数据和购买历史，为用户提供个性化的营销推荐。例如，当用户即将过生日时，系统可以为用户推荐生日礼物；当用户购买了一款商品后，系统可以为用户推荐相关的商品或者促销活动，鼓励用户再次购买。

第二节　人工智能客服的高效运作模式

一、人工智能客服的技术基础

（一）自然语言处理技术

1. 语言理解

（1）词法分析

词法分析是自然语言处理的基础环节之一。它将输入的文本分割成一个个单词，并确定每个单词的词性、词形等信息。例如，对于句子"我喜欢吃苹果"，词法分析可以将其分割成"我""喜欢""吃""苹果"四个单词，并确定"我"是代词，"喜欢"是动词，"吃"是动词，"苹果"是名词。

（2）句法分析

句法分析是在词法分析的基础上，进一步分析句子的语法结构。它确定句子中各个单词之间的语法关系，如主谓关系、动宾关系等。例如，对于句子"我喜欢吃苹果"，句法分析可以确定"我"是主语，"喜欢吃"是谓语，"苹果"是宾语。

（3）语义分析

语义分析是自然语言处理的核心环节之一。它旨在理解句子的含义，确定句子中各个单词和短语的语义。语义分析可以通过多种方法实现，如基于词典的方法、基于语料库的方法、基于深度学习的方法等。例如，对于句子"我喜欢吃苹果"，语义分析可以确定"我"表示说话人，"喜欢"表示一种情感倾向，"吃"表示一种行为，"苹果"表示一种水果。

2. 语言生成

（1）文本生成

文本生成是自然语言处理的重要任务之一。它旨在根据给定的主题或提示，生成一段自然语言文本。文本生成可以通过多种方法实现，如基于规则的方法、基于模板的方法、基于统计的方法、基于深度学习的方法等。例如，给定主题"人工智能客服的优势"，文本生成可以生成一段介绍人工智能客服优势的文本，如"人工智能客服具有高效、准确、个性化等优势。它能够快速回答用户的问题，提高客户服务的效率和质量。同时，它还能够根据用户的需求和偏好，提供个性化的服务，满足用户的不同需求。"

（2）对话生成

对话生成是自然语言处理的另一个重要任务。它旨在根据给定的对话历史和当前输入，生成合适的回复。对话生成可以通过多种方法实现，如基于规则的方法、基于模板的方法、基于统计的方法、基于深度学习的方法等。例如，给定对话历史："用户：我想查询我的订单状态。人工智能客服：请您提供订单编号，我会为您查询订单状态。当前输入：订单编号是 123456。对话生成可以生成回复：您的订单目前处于已发货状态。"

3. 语音识别与合成

（1）语音识别

语音识别是将人类的语音信号转换为文本的过程。它是自然语言处理的重要应用之一，广泛应用于语音助手、智能客服、语音输入等领域。语音识别可以通过多种方法实现，如基于隐马尔可夫模型（HMM）的方法、基于深度学习的方法等。例如，用户说出："我想查询我的订单状态。"语音识别系统可以将其转换为文本"我想查询我的订单状态"。

（2）语音合成

语音合成是将文本转换为人类的语音信号的过程。它是自然语言处理的另一个重要应用，广泛应用于语音助手、智能客服、语音播报等领域。语音合成可以通过多种方法实现，如基于参数合成的方法、基于拼接合成的方法、基于深度学习的方法等。例如，给定文本"您的订单目前处于已发货状态"。语音合成系统可以将其转换为语音信号，并播放给用户听。

（二）机器学习技术

1. 监督学习

（1）分类问题

分类问题是机器学习中的常见问题之一。在人工智能客服中，分类问题可以用于问题分类、意图识别等任务。例如，对于用户的问题"我的订单什么时候发货?"可以将其分类为"订单查询"类问题;对于用户的问题"我想退货,应该怎么做?"可以将其分类为"退货咨询"类问题。分类问题可以通过多种算法实现,如决策树、支持向量机、朴素贝叶斯、神经网络等。

（2）回归问题

回归问题是机器学习中的另一个常见问题。在人工智能客服中,回归问题可以用于情感分析、满意度预测等任务。例如,对于用户的评价"这个客服很热情,回答问题很及时。"可以通过回归算法预测用户的满意度得分。回归问题可以通过多种算法实现,如线性回归、多项式回归、岭回归、Lasso 回归、神经网络等。

2. 无监督学习

（1）聚类问题

聚类问题是无监督学习中的常见问题之一。在人工智能客服中,聚类问题可以用于用户行为分析、话题发现等任务。例如,可以将用户的问题按照主题进行聚类,以便更好地了解用户的需求和关注点。聚类问题可以通过多种算法实现,如 K－Means 聚类、层次聚类、DBSCAN 聚类等。

（2）降维问题

降维问题是无监督学习中的另一个常见问题。在人工智能客服中,降维问题可以用于数据可视化、特征提取等任务。例如,可以通过降维算法将高维的用户数据降维到低维空间,以便更好地进行数据分析和可视化。降维问题可以通过多种算法实现,如主成分分析（PCA）、线性判别分析（LDA）、t－SNE 等。

（3）强化学习

① 马尔可夫决策过程

强化学习通常基于马尔可夫决策过程（MDP）模型。在人工智能客服中,MDP 可以用于描述客服与用户之间的交互过程。状态表示客服与用户交互的当前情况,动作表示客服可以采取的回复策略,奖励表示客服采取某个动作后获得的反馈。通过不断地与用户交互并学习最优的回复策略,人工智能客服可以提高服务质量和效率。

② Q－learning 算法

Q－learning 是一种常用的强化学习算法。在人工智能客服中,Q－

learning 可以用于学习最优的回复策略。Q 值表示在某个状态下采取某个动作的预期奖励。通过不断地更新 Q 值，人工智能客服可以逐渐学习到最优的回复策略。例如，当用户提出问题时，人工智能客服可以根据当前的状态和 Q 值选择最优的回复动作，并根据用户的反馈更新 Q 值。

（三）知识图谱技术

1. 知识表示

（1）实体－关系模型

知识图谱通常采用实体－关系模型来表示知识。实体表示现实世界中的事物，如人物、地点、物品等；关系表示实体之间的联系，如"属于""拥有""位于"等。通过实体和关系的组合，可以构建出复杂的知识网络。例如，在一个电商领域的知识图谱中，实体可以包括商品、用户、商家等，关系可以包括"购买""评价""发货"等。

（2）图数据库

为了有效地存储和管理知识图谱，通常采用图数据库来存储知识。图数据库具有高效的图查询和遍历能力，可以快速地检索和分析知识图谱中的信息。例如，在一个电商领域的知识图谱中，可以使用图数据库来存储商品、用户、商家之间的关系，并通过图查询来回答用户的问题，如"我购买的商品什么时候发货？""这个商品的评价怎么样？"等。

2. 知识推理

（1）基于规则的推理

基于规则的推理是知识图谱推理的一种常见方法。它通过定义一系列的规则来推断新知识。例如，在一个电商领域的知识图谱中，可以定义规则"如果用户购买了商品，并且商家已经发货，那么用户可以查询订单状态。"通过这些规则，可以根据已知的知识推断出未知的知识。

（2）基于机器学习的推理

基于机器学习的推理是知识图谱推理的另一种方法。它通过训练机器学习模型来学习知识图谱中的模式和规律，并利用这些模型进行推理。例如，在一个电商领域的知识图谱中，可以使用机器学习算法来预测用户的购买行为、商品的销量等。

3. 知识更新

（1）自动抽取

知识图谱的知识需要不断地更新和完善。自动抽取是一种从文本数据中自动抽取知识的方法。它可以通过自然语言处理技术，从网页、新闻、博客等文本数据中抽取实体、关系等知识，并将其添加到知识图谱中。例如，在一个电商领域的知识图谱中，可以通过自动抽取技术从商品评论中抽取用户对商品的评价信息，并将其添加到知识图谱中。

（2）人工编辑

除了自动抽取，人工编辑也是知识图谱知识更新的一种重要方法。人工编辑可以通过专业的知识编辑人员对知识图谱进行审核和编辑，确保知识的准确性和完整性。例如，在一个电商领域的知识图谱中，人工编辑人员可以对商品的属性、价格等信息进行审核和更新，确保用户能够获得准确的信息。

二、人工智能客服的工作流程

（一）用户提问

1. 多种渠道接入

用户可以通过多种渠道向人工智能客服提问，如网站、手机 App、微信公众号、电话等。这些渠道都可以与人工智能客服系统进行集成，实现统一的用户接入和管理。

2. 自然语言输入

用户可以使用自然语言输入问题，无须使用特定的指令或格式。人工智能客服系统能够理解用户的自然语言输入，并将其转化为计算机可处理的形式。

（二）问题理解

1. 语言理解

（1）词法分析

对用户输入的问题进行词法分析，将其分解为一个个单词，并确定每个单词的词性、词形等信息。例如，对于问题"我想查询我的订单状态"，词法分析可以将其分解为"我""想""查询""我的""订单""状态"等单词，并确定每个单词的词性。

（2）句法分析

对用户输入的问题进行句法分析，确定句子的语法结构。例如，对于问题"我想查询我的订单状态"，句法分析可以确定其语法结构为"主语（我）＋谓语（想查询）＋宾语（我的订单状态）"。

（3）语义分析

对用户输入的问题进行语义分析，确定句子的含义。语义分析可以通过多种方法实现，如基于词典的方法、基于语料库的方法、基于深度学习的方法等。例如，对于问题"我想查询我的订单状态"，语义分析可以确定用户的意图是查询订单状态。

2. 意图识别

（1）基于规则的方法

通过定义一系列规则，根据用户输入的问题特征，判断用户的意图。例如，如果用户输入的问题中包含"查询""订单状态"等关键词，则可以判断用户的意图是查询订单状态。

（2）基于机器学习的方法

通过训练机器学习模型，根据用户输入的问题特征，预测用户的意图。例如，可以使用支持向量机、朴素贝叶斯、神经网络等算法训练意图识别模型，将用户输入的问题分为不同的意图类别，如查询订单状态、咨询产品信息、投诉等。

3. 实体识别

（1）基于规则的方法

通过定义一系列规则，根据用户输入的问题特征，识别出问题中的实体。例如，如果用户输入的问题中包含"我的订单"，则可以识别出实体为"订单"。

（2）基于机器学习的方法

通过训练机器学习模型，根据用户输入的问题特征，识别出问题中的实体。例如，可以使用命名实体识别（NER）技术，训练实体识别模型，将用户输入的问题中的实体识别出来。

（三）知识检索

1. 知识图谱查询

（1）知识图谱构建

知识图谱构建是知识检索的基础。知识图谱是一种结构化的知识表示方式，它将实体和关系以图的形式表示出来。构建知识图谱需要收集大量的知识数据，并对其进行清洗、整理和存储。

（2）知识图谱查询语言

为了方便知识图谱的查询，需要使用一种专门的查询语言。常见的知识图谱查询语言有 SPARQL、Cypher 等。这些查询语言可以根据用户的问题，在知识图谱中查询相关的实体和关系，并返回查询结果。

（3）知识图谱查询优化

为了提高知识图谱查询的效率，需要对查询进行优化。查询优化可以通过多种方法实现，如索引优化、查询重写、缓存优化等。

2. 数据库查询

（1）数据库设计

设计合适的数据库结构是数据库查询的基础。数据库结构应该能够满足人工智能客服系统的需求，同时也要考虑数据的存储效率和查询效率。

（2）数据库查询语言

为了方便数据库的查询，需要使用一种专门的查询语言。常见的数据库查询语言有 SQL、NoSQL 等。这些查询语言可以根据用户的问题，在数据库中查询相关的数据，并返回查询结果。

（3）数据库查询优化

为了提高数据库查询的效率，需要对查询进行优化。查询优化可以通过多种方法实现，如索引优化、查询重写、缓存优化等。

（四）回复生成

1. 基于模板的回复生成

（1）回复模板设计

设计回复模板是基于模板的回复生成的基础。回复模板应该能够涵盖各种常见的问题类型，并提供简洁、准确的回复。例如，对于查询订单状态的问题，可以设计回复模板为"您的订单状态为［订单状态］。"

（2）回复模板匹配

根据用户的问题类型和意图，选择合适的回复模板。回复模板匹配可以通过多种方法实现，如基于规则的方法、基于机器学习的方法等。

（3）回复模板填充

将查询到的知识数据填充到回复模板中，生成最终的回复。回复模板填充可以通过字符串拼接、变量替换等方法实现。

2. 基于生成式模型的回复生成

（1）语言模型训练

训练语言模型是基于生成式模型的回复生成的基础。语言模型可以根据输入的问题，生成自然语言的回复。常见的语言模型有循环神经网络（RNN）、长短期记忆网络（LSTM）、门控循环单元（GRU）等。

（2）回复生成

根据用户的问题，使用训练好的语言模型生成自然语言的回复。回复生成可以通过贪心搜索、束搜索等方法实现。

（3）回复优化

对生成的回复进行优化，提高回复的质量和可读性。回复优化可以通过语法检查、语义调整、表达方式优化等方法实现。

（五）用户反馈

1. 满意度评价

（1）评价方式设计

设计满意度评价方式是用户反馈的基础。满意度评价方式应该简单、直观，方便用户进行评价。例如，可以设计满意度评价为"非常满意""满意""一般""不满意""非常不满意"五个等级。

（2）评价结果收集

收集用户的满意度评价结果，并对其进行统计和分析。评价结果收集可以通过在线调查、邮件反馈、电话回访等方式实现。

（3）评价结果应用

根据用户的满意度评价结果，对人工智能客服系统进行优化和改进。例如，如果用户对某个问题的回复不满意，可以对该问题的回复进行优化；

如果用户对整个客服系统的满意度较低，可以对客服系统的整体性能进行优化。

2. 问题补充

（1）问题补充方式设计

设计问题补充方式是用户反馈的重要环节。问题补充方式应该方便用户进行操作，同时也要能够准确地收集用户的问题补充信息。例如，可以设计问题补充方式为在回复页面上提供一个"问题补充"按钮，用户点击该按钮后可以输入问题补充信息。

（2）问题补充信息处理

对用户输入的问题补充信息进行处理，更新用户的问题，并重新进行问题理解、知识检索和回复生成。问题补充信息处理可以通过自然语言处理技术、知识图谱查询、数据库查询等方法实现。

（3）问题补充结果反馈

将问题补充后的回复结果反馈给用户，让用户了解问题的最新处理情况。问题补充结果反馈可以通过在线回复、邮件通知、电话回访等方式实现。

三、人工智能客服的优势

（一）高效性

1. 快速响应

（1）实时处理用户问题

人工智能客服能够实时处理用户的问题，无须等待人工客服的介入。当用户提出问题时，人工智能客服可以立即给出回答，大大缩短了用户的等待时间。

（2）同时处理多个问题

人工智能客服可以同时处理多个用户的问题，不会因为用户数量的增加而出现拥堵或延迟，这使得企业能够更好地应对高流量的客户咨询，提高服务效率。

2. 多任务处理

（1）回答不同类型的问题

人工智能客服可以回答各种类型的问题，包括常见问题解答、产品咨询、订单查询等。它可以根据用户的问题类型，自动调用相应的知识库和算法，给出准确的回答。

（2）处理复杂问题

对于一些复杂的问题，人工智能客服可以通过分析问题的关键词和上下文，提供相关的解决方案或引导用户进一步咨询人工客服。这样可以避免用户在等待人工客服的过程中感到无助和焦虑。

3. 24/7 服务

（1）不间断服务

人工智能客服可以提供 24/7 的服务，不受时间和地域的限制。无论用户在何时何地提出问题，都能得到及时的回答，提高了客户服务的可用性和便利性。

（2）适应不同时区的用户

对于跨国企业或面向全球用户的企业来说，人工智能客服可以适应不同时区的用户需求，提供全天候的客户服务，增强了企业的竞争力。

（二）准确性

1. 知识图谱支持

（1）丰富的知识库

人工智能客服通过构建知识图谱，将企业的产品知识、服务流程、常见问题等信息进行整合和关联。这样可以为用户提供更加全面和准确的回答，避免了人工客服因记忆不准确或知识不全面而导致的错误回答。

（2）智能推理

知识图谱还可以支持智能推理，当用户提出的问题比较复杂或模糊时，人工智能客服可以通过推理和分析，给出最接近用户需求的回答。例如，当用户询问"我的手机屏幕坏了，怎么办？"时，人工智能客服可以根据知识图谱中的维修流程和服务网点信息，为用户提供具体的解决方案。

2. 机器学习优化

（1）不断学习和改进

人工智能客服可以通过机器学习算法，不断学习用户的问题和回答，优化自己的回答策略和知识库。随着时间的推移，它的准确性会不断提高，能够更好地满足用户的需求。

（2）适应新的问题和场景

机器学习还可以使人工智能客服适应新的问题和场景。当企业推出新产品或服务时，人工智能客服可以通过学习相关的知识和用户反馈，快速掌握新的业务内容，为用户提供准确的回答。

3. 标准化回复

（1）统一的回答口径

人工智能客服可以提供标准化的回复，避免了人工客服因个人经验、情绪等因素导致的回答不一致。这样可以提高客户服务的质量和稳定性，增强用户对企业的信任。

（2）符合企业规范

标准化回复还可以确保人工智能客服的回答符合企业的规范和价值观。例如，在回答用户问题时，人工智能客服可以遵循企业的服务承诺和客户至上的原则，为用户提供优质的服务体验。

（三）个性化

1. 用户画像

（1）了解用户需求和偏好

人工智能客服可以通过分析用户的历史行为数据、购买记录、浏览记录等信息，构建用户画像。这样可以了解用户的需求和偏好，为用户提供更加个性化的服务。

（2）定制化推荐

基于用户画像，人工智能客服可以为用户提供定制化的推荐服务。例如，当用户购买了一款手机后，人工智能客服可以根据用户的购买记录和偏好，推荐相关的手机配件、软件应用等。

2. 对话历史记录

（1）记住用户问题和回答

人工智能客服可以记录用户的对话历史记录，包括用户提出的问题和得到的回答。这样可以在下次用户咨询时，快速了解用户的问题背景和需求，提供更加准确和个性化的回答。

（2）持续优化服务

通过分析对话历史记录，人工智能客服可以发现用户的常见问题和需求，优化自己的回答策略和知识库。同时，它还可以根据用户的反馈和评价，不断改进自己的服务质量，提高用户满意度。

3. 动态调整

（1）实时调整回答策略

人工智能客服可以根据用户的反馈和评价，实时调整自己的回答策略。例如，如果用户对某个回答不满意，人工智能客服可以根据用户的反馈，调整回答内容或提供其他解决方案，以满足用户的需求。

（2）适应不同用户群体

人工智能客服还可以根据不同用户群体的特点和需求，动态调整自己的服务方式和回答策略。例如，对于老年用户，它可以提供更加简洁明了的回答；对于年轻用户，它可以采用更加时尚和个性化的表达方式。

（四）成本效益

1. 降低人力成本

（1）减少人工客服数量

人工智能客服可以处理大量的常见问题和简单问题，减少了对人工客服的需求。企业可以通过减少人工客服数量，降低人力成本，提高运营效率。

（2）提高人工客服效率

人工智能客服可以为人工客服提供辅助支持，帮助他们更快地处理复杂问题和高价值客户。这样可以提高人工客服的效率，降低企业的人力成本。

2. 提高服务效率

（1）缩短问题解决时间

人工智能客服的高效性和准确性可以缩短用户问题的解决时间，提高客户服务的效率。这不仅可以提高用户满意度，还可以减少企业的运营成本。

（2）减少客户流失

及时解决用户问题可以减少客户流失，提高客户忠诚度。人工智能客服可以通过快速响应和准确回答，为用户提供更好的服务体验，降低客户流失率。

3. 数据分析价值

（1）挖掘用户需求和行为

人工智能客服可以记录用户的问题和回答，以及用户的行为数据。通过对这些数据的分析，企业可以挖掘用户的需求和行为，为产品研发、市场营销、客户服务等提供有价值的参考。

（2）优化业务流程

数据分析还可以帮助企业优化业务流程，提高运营效率。例如，通过分析用户问题的分布和解决时间，企业可以发现业务流程中的瓶颈和问题，及时进行调整和优化。

第三节　基于人工智能的市场预测与分析

一、人工智能在市场预测与分析中的原理

（一）数据收集与处理

数据是市场预测与分析的基础。人工智能在数据收集与处理方面发挥着重要作用。

在数据收集方面，人工智能可以从多个渠道获取大量的数据。企业内部的销售数据、客户数据、财务数据等是重要的数据源。同时，外部数据来源也非常丰富，如市场调研机构的报告、行业数据平台、社交媒体等。通过网络爬虫等技术手段，人工智能可以自动地从互联网上抓取相关的数据，大大提高了数据收集的效率。

收集到的数据往往存在各种问题，需要进行预处理。数据清洗是数据预处理的重要环节，它可以去除数据中的噪声、错误和重复值，提高数据的质量。数据归一化则可以将不同来源的数据转换为统一的尺度，便于后续的分析和处理。特征提取是从原始数据中提取出有价值的特征，减少数据的维度，提高机器学习算法的效率和准确性。

（二）机器学习算法

机器学习算法是人工智能进行市场预测与分析的核心工具。

1. 监督学习算法

线性回归是一种常用的监督学习算法，它可以用于预测连续变量。通过

建立自变量和因变量之间的线性关系，线性回归可以对市场趋势、销售额等进行预测。

逻辑回归主要用于分类问题，例如预测客户是否会购买产品、市场趋势是上升还是下降等。

决策树是一种基于树结构的算法，它通过对数据进行逐步划分，建立决策规则，从而实现对未知数据的分类和预测。

随机森林是由多个决策树组成的集成学习算法，它通过对多个决策树的预测结果进行集成，提高了预测的准确性和稳定性。

2. 无监督学习算法

聚类分析是一种无监督学习算法，它可以将数据按照相似性进行分组。在市场预测与分析中，聚类分析可以用于客户细分、市场细分等，帮助企业更好地了解不同客户群体和市场区域的需求和行为特征。

主成分分析是一种用于数据降维的无监督学习算法。它通过将原始数据转换为一组新的正交特征，即主成分，使得这些主成分能够尽可能多地保留原始数据的信息，同时减少数据的维度。

3. 深度学习算法

人工神经网络是一种模仿人类大脑神经系统的深度学习算法。它由多个神经元组成，通过对数据进行多层非线性变换，实现对复杂数据的建模和预测。在市场预测与分析中，人工神经网络可以用于预测股票价格、汇率走势、销售额等问题。

卷积神经网络是一种专门用于处理图像和视频数据的深度学习算法。虽然在市场预测与分析中直接应用相对较少，但可以通过对商品图片、广告视频等的分析，为企业提供市场洞察。

循环神经网络是一种专门用于处理序列数据的深度学习算法。在市场预测与分析中，循环神经网络可以用于时间序列预测，如销售额的预测等。

（三）智能预测模型

1. 时间序列预测模型

自回归移动平均模型（ARMA）由自回归部分和移动平均部分组成，适用于平稳时间序列的预测。

自回归积分滑动平均模型（ARIMA）在 ARMA 的基础上引入了差分运

算，用于处理非平稳时间序列。

季节性 ARIMA 模型（SARIMA）考虑了时间序列的季节性特征，适用于具有季节性变化的市场数据的预测。

2. 回归预测模型

线性回归模型建立自变量和因变量之间的线性关系，用于预测连续变量。

多元回归模型考虑多个自变量对因变量的影响，在市场预测与分析中具有广泛的应用。

非线性回归模型通过引入非线性函数，处理自变量和因变量之间的非线性关系。

3. 分类预测模型

决策树分类模型通过建立决策规则对未知数据进行分类。

随机森林分类模型由多个决策树组成，提高了分类的准确性和稳定性。

支持向量机分类模型寻找最优超平面，将不同类别的数据分开。

二、人工智能在市场预测与分析中的方法

（一）数据分析方法

1. 描述性分析

描述性分析是对市场数据进行基本统计描述的方法。它通过计算数据的集中趋势、离散程度和分布形态等指标，提供对数据的整体认识。例如，均值、中位数和众数可以反映数据的集中趋势；标准差、方差和极差可以衡量数据的离散程度；偏度和峰度则可以描述数据的分布形态。通过描述性分析，我们可以了解市场数据的基本特征，为后续的分析和预测提供基础。

2. 相关性分析

相关性分析是研究两个或多个变量之间关系的方法。它通过计算变量之间的相关系数，来衡量变量之间的线性关联程度。常见的相关系数有皮尔逊相关系数、斯皮尔曼相关系数和肯德尔相关系数。相关性分析可以帮助我们发现市场变量之间的关系，例如广告投入与销售额之间的相关性、产品价格与市场需求之间的相关性等。通过分析这些关系，我们可以更好地理解市场动态，为企业的决策提供依据。

3. 聚类分析

聚类分析是将数据对象按照相似性进行分组的方法。它的目标是将数据分成若干个聚类，使得同一聚类中的对象尽可能相似，不同聚类中的对象尽可能不同。常见的聚类算法有 K−Means 聚类、层次聚类和 DBSCAN 聚类等。聚类分析可以用于市场细分，将客户或产品按照相似性进行聚类，从而为企业制定针对性的营销策略提供依据。例如，通过聚类分析，我们可以将客户分为不同的群体，如高价值客户、中等价值客户和低价值客户，然后针对不同群体制定不同的营销方案。

4. 因子分析

因子分析是一种将多个变量归结为少数几个公共因子的方法。它的目标是通过寻找潜在的因子结构，解释变量之间的相关性。因子分析可以用于降维，将多个相关变量归结为少数几个公共因子，从而减少变量的数量，降低数据分析的复杂度。例如，在市场研究中，我们可以通过因子分析将多个消费者评价指标归结为几个公共因子，如产品质量因子、服务质量因子和价格因子等，然后通过分析这些公共因子来了解消费者的需求和偏好。

（二）预测方法

1. 时间序列预测

时间序列预测是根据历史时间序列数据预测未来值的方法。它假设未来的变化趋势与历史数据相似，即时间序列具有一定的稳定性和规律性。常见的时间序列预测方法有移动平均法、指数平滑法和 ARIMA 模型等。时间序列预测可以用于预测销售额、市场需求、股票价格等随时间变化的变量。例如，通过对历史销售额数据进行时间序列预测，我们可以帮助企业制定生产计划和库存管理策略。

2. 回归预测

回归预测是一种建立自变量和因变量之间关系的预测方法。它通过分析历史数据，找出自变量和因变量之间的数学关系，然后利用这个关系对未来的因变量进行预测。常见的回归预测方法有线性回归、非线性回归和多元回归等。回归预测可以用于预测销售额、市场份额、客户满意度等与多个因素相关的变量。例如，通过分析广告投入、价格、产品质量等因素对销售额的影响，我们可以建立回归模型预测未来的销售额。

3. 分类预测

分类预测是一种将数据对象分为不同类别的预测方法。它的目标是根据已知的分类规则，将新的数据对象分配到正确的类别中。常见的分类预测方法有决策树、随机森林和支持向量机等。分类预测可以用于客户分类、市场细分、产品推荐等问题。例如，通过分析客户的购买历史、人口统计学特征等因素，我们可以将客户分为不同的类别，为企业制定个性化的营销策略提供依据。

4. 组合预测

组合预测是将多种预测方法进行组合，以提高预测的准确性和稳定性的方法。组合预测的方法可以分为权重组合法和集成学习法。权重组合法是通过给不同的预测方法赋予不同的权重，然后将它们的预测结果进行加权平均，得到最终的预测结果。集成学习法是通过将多个弱学习器组合成一个强学习器，提高预测的准确性和稳定性。组合预测可以充分利用不同预测方法的优势，弥补单一预测方法的不足，从而提高市场预测的准确性和可靠性。

（三）优化方法

1. 参数优化

参数优化是指通过调整模型的参数，使得模型的性能达到最优。常见的参数优化方法有网格搜索、随机搜索和遗传算法等。网格搜索是一种通过遍历给定参数范围的所有组合来寻找最优参数的方法。随机搜索是一种通过随机采样参数空间来寻找最优参数的方法。遗传算法是一种基于生物进化原理的优化算法，它通过模拟自然选择和遗传变异的过程，在参数空间中寻找最优参数组合。参数优化可以提高模型的预测准确性和稳定性，为企业的决策提供更可靠的依据。

2. 模型选择

模型选择是指选择最适合特定问题的预测模型。不同的预测问题可能需要不同的预测模型，因此模型选择是非常重要的。常见的模型选择方法有交叉验证、AIC 准则和 BIC 准则等。交叉验证是一种用于评估模型性能和选择最优模型的方法。它将数据集划分为多个子集，然后在每个子集上进行训练和验证，最后综合多个子集的结果来评估模型的性能。AIC 准则和 BIC 准则是基于信息论的模型选择准则，它们通过衡量模型的复杂度和拟合优度来选择最优模型。模型选择可以帮助我们选择最适合特定问题的预测模型，提高市场预测的准确性和可靠性。

3. 特征选择

特征选择是指从原始数据中选择对预测结果最有贡献的特征。特征选择可以减少数据的维度，降低模型的复杂度，提高模型的预测准确性和稳定性。常见的特征选择方法有过滤法、包裹法和嵌入法等。过滤法是一种基于特征与目标变量之间的相关性来选择特征的方法。包裹法是一种基于模型性能来选择特征的方法。嵌入法是一种将特征选择与模型训练过程相结合的方法。特征选择可以帮助我们选择最有价值的特征，提高市场预测的准确性和可靠性。

三、人工智能在市场预测与分析中的应用场景

（一）市场营销

1. 客户细分

客户细分是市场营销中的重要环节，通过将客户按照不同的特征和行为进行分组，可以更好地了解客户需求，制定个性化的营销策略。人工智能可以通过分析大量的客户数据，包括客户的基本信息、购买历史、浏览记录、社交媒体行为等，自动识别出不同的客户群体。例如，通过聚类分析算法，可以将客户分为高价值客户、中等价值客户和低价值客户等不同类别；通过决策树算法，可以根据客户的年龄、性别、收入等特征，将客户分为不同的购买意向群体。企业可以针对不同的客户群体，制定不同的营销方案，提高营销效果。

2. 精准营销

精准营销是指根据客户的个性化需求，向客户提供针对性的产品或服务推荐。人工智能可以通过分析客户的历史购买记录、浏览行为、搜索关键词等数据，了解客户的兴趣爱好和需求偏好，然后根据这些信息向客户推荐相关的产品或服务。例如，电商平台可以通过推荐算法，向客户推荐他们可能感兴趣的商品；金融机构可以通过智能客服，向客户推荐适合他们的理财产品。精准营销可以提高客户的满意度和忠诚度，同时也可以提高企业的销售业绩。

3. 市场趋势预测

市场趋势预测是市场营销中的关键环节,通过对市场数据的分析,预测市场的发展趋势和变化,为企业的市场决策提供依据。人工智能可以通过分析大量的市场数据,包括行业报告、新闻资讯、社交媒体数据等,自动识别出市场的趋势和变化。例如,通过时间序列分析算法,可以预测产品的销售量、市场份额等指标的未来走势;通过文本分析算法,可以分析新闻资讯和社交媒体数据,了解消费者的需求和市场的热点话题。企业可以根据市场趋势预测的结果,调整自己的市场策略,提前布局市场,提高市场竞争力。

4. 竞争对手分析

竞争对手分析是市场营销中的重要环节,通过对竞争对手的产品、价格、营销策略等方面的分析,了解竞争对手的优势和劣势,为企业的市场决策提供依据。人工智能可以通过网络爬虫技术,自动收集竞争对手的产品信息、价格信息、促销活动等数据,然后通过数据分析算法,对这些数据进行分析和比较。例如,通过文本分析算法,可以分析竞争对手的产品说明书和用户评价,了解竞争对手的产品特点和优势;通过价格分析算法,可以分析竞争对手的产品价格走势,了解竞争对手的价格策略。企业可以根据竞争对手分析的结果,制定相应的市场策略,提高自己的市场竞争力。

(二) 销售预测

1. 销售额预测

销售额预测是企业销售管理中的重要环节,通过对历史销售数据的分析,预测未来的销售额,为企业的生产计划、库存管理、营销策略等方面的决策提供依据。人工智能可以通过时间序列分析算法、回归分析算法等机器学习算法,对历史销售数据进行分析和建模,预测未来的销售额。例如,通过时间序列分析算法,可以预测产品的销售量在未来一段时间内的走势;通过回归分析算法,可以分析产品的价格、促销活动、市场需求等因素对销售额的影响,然后根据这些因素预测未来的销售额。企业可以根据销售额预测的结果,制定合理的生产计划和库存管理策略,避免库存积压和缺货现象的发生,同时也可以制定有效的营销策略,提高销售业绩。

2. 销售渠道分析

销售渠道分析是企业销售管理中的重要环节,通过对不同销售渠道的销售数据进行分析，了解不同销售渠道的销售情况和趋势，为企业的销售渠道优化提供依据。人工智能可以通过数据分析算法，对不同销售渠道的销售数据进行分析和比较，了解不同销售渠道的销售特点和优势。例如，通过数据分析算法，可以分析不同销售渠道的销售量、销售额、利润率等指标的差异；通过客户行为分析算法，可以分析不同销售渠道的客户购买行为和偏好。企业可以根据销售渠道分析的结果，优化自己的销售渠道布局，提高销售渠道的效率和效益。

3. 客户需求预测

客户需求预测是企业销售管理中的重要环节，通过对客户的历史购买记录、浏览行为、搜索关键词等数据的分析，预测客户的未来需求，为企业的产品研发、库存管理、营销策略等方面的决策提供依据。人工智能可以通过机器学习算法，对客户的历史数据进行分析和建模，预测客户的未来需求。例如，通过协同过滤算法，可以根据客户的历史购买记录和其他客户的购买行为，预测客户可能感兴趣的产品；通过关联规则挖掘算法，可以分析客户的购买历史，发现客户购买不同产品之间的关联关系，然后根据这些关联关系预测客户的未来需求。企业可以根据客户需求预测的结果，提前准备库存，优化产品研发方向，制定个性化的营销策略，提高客户满意度和忠诚度。

4. 销售风险预测

销售风险预测是企业销售管理中的重要环节，通过对销售数据、市场环境、客户信用等方面的分析，预测销售过程中可能出现的风险，为企业的风险管理提供依据。人工智能可以通过数据分析算法和机器学习算法，对销售数据、市场环境、客户信用等方面的数据进行分析和建模，预测销售风险。例如，通过数据分析算法，可以分析销售数据的波动情况，预测销售量和销售额的下降趋势；通过机器学习算法，可以分析客户的信用记录和还款行为，预测客户的违约风险。企业可以根据销售风险预测的结果，采取相应的风险管理措施，降低销售风险，保障企业的经营安全。

（三）供应链管理

1. 需求预测

需求预测是供应链管理中的关键环节，通过对市场需求、销售数据、历史订单等方面的分析，预测未来的产品需求，为企业的生产计划、采购计划、库存管理等方面的决策提供依据。人工智能可以通过时间序列分析算法、回归分析算法、机器学习算法等，对历史数据进行分析和建模，预测未来的产品需求。例如，通过时间序列分析算法，可以预测产品的销售量在未来一段时间内的走势；通过回归分析算法，可以分析市场需求、价格、促销活动等因素对产品需求的影响，然后根据这些因素预测未来的产品需求；通过机器学习算法，可以分析历史订单数据，发现客户的购买模式和趋势，然后根据这些模式和趋势预测未来的产品需求。企业可以根据需求预测的结果，制定合理的生产计划和采购计划，优化库存管理，提高供应链的效率和效益。

2. 供应商管理

供应商管理是供应链管理中的重要环节，通过对供应商的绩效、质量、交货期等方面的评估和管理，确保供应商能够按时、按质、按量地提供产品和服务。人工智能可以通过数据分析算法和机器学习算法，对供应商的历史数据进行分析和建模，评估供应商的绩效和风险。例如，通过数据分析算法，可以分析供应商的交货期、质量、价格等指标的波动情况，评估供应商的稳定性和可靠性；通过机器学习算法，可以分析供应商的历史订单数据，预测供应商的未来交货期和质量，评估供应商的履约能力。企业可以根据供应商管理的结果，选择合适的供应商，建立长期稳定的合作关系，提高供应链的稳定性和可靠性。

3. 物流优化

物流优化是供应链管理中的重要环节，通过对物流网络、运输路线、配送中心等方面的优化，提高物流效率，降低物流成本。人工智能可以通过数据分析算法和优化算法，对物流数据进行分析和建模，优化物流网络和运输路线。例如，通过数据分析算法，可以分析物流网络的流量、拥堵情况、运输成本等指标，评估物流网络的效率和效益；通过优化算法，可以优化运输路线，减少运输时间和成本；通过智能调度算法，可以实现物流车辆的智能调度，提高物流配送的效率和准确性。企业可以根据物流优化的结果，优化物流网络和运输路线，提高物流效率，降低物流成本，提高供应链的竞争力。

4. 库存管理

库存管理是供应链管理中的重要环节，通过对库存水平、库存周转率、缺货率等方面的管理，确保库存能够满足市场需求，同时又不会造成库存积压。人工智能可以通过数据分析算法和机器学习算法，对库存数据进行分析和建模，优化库存管理策略。例如，通过数据分析算法，可以分析库存水平、销售数据、市场需求等指标的关系，预测未来的库存需求；通过机器学习算法，可以分析历史库存数据，发现库存的变化规律和趋势，然后根据这些规律和趋势优化库存管理策略；通过智能库存管理系统，可以实现库存的自动监控和预警，及时调整库存水平，避免库存积压和缺货现象的发生。企业可以根据库存管理的结果，优化库存管理策略，提高库存周转率，降低库存成本，提高供应链的效率和效益。

（四）金融领域

1. 股票市场预测

股票市场预测是金融领域中的重要问题，通过对股票市场的历史数据、宏观经济数据、公司财务数据等方面的分析，预测股票价格的走势和市场趋势，为投资者的投资决策提供依据。人工智能可以通过机器学习算法、深度学习算法等，对股票市场数据进行分析和建模，预测股票价格的走势和市场趋势。例如，通过时间序列分析算法，可以预测股票价格在未来一段时间内的走势；通过机器学习算法，可以分析宏观经济数据、公司财务数据等因素对股票价格的影响，然后根据这些因素预测股票价格的走势；通过深度学习算法，可以分析股票市场的新闻资讯、社交媒体数据等非结构化数据，了解市场情绪和投资者的心理预期，然后根据这些信息预测股票价格的走势。投资者可以根据股票市场预测的结果，制定合理的投资策略，降低投资风险，提高投资收益。

2. 信用评估

信用评估是金融领域中的重要问题，通过对个人或企业的信用记录、财务状况、还款能力等方面的评估，确定个人或企业的信用等级，为金融机构的信贷决策提供依据。人工智能可以通过数据分析算法和机器学习算法，对个人或企业的信用数据进行分析和建模，评估个人或企业的信用等级。例如，通过数据分析算法，可以分析个人或企业的信用记录、财务报表、还款记录等数据，评估个人或企业的信用风险；通过机器学习算法，可以分析大量的信用数据，建立信用评估模型，自动评估个人或企业的信用等级。金融机构可以根据信用评估的结果，制定合理的信贷政策，降低信贷风险，提高信贷业务的效率和效益。

3. 风险管理

风险管理是金融领域中的重要问题，通过对市场风险、信用风险、操作风险等方面的分析和管理，降低金融机构的风险损失，保障金融机构的安全运营。人工智能可以通过数据分析算法和机器学习算法，对金融数据进行分析和建模，预测和评估金融风险。例如，通过风险价值（VaR）模型，可以预测金融市场的风险损失；通过信用风险模型，可以评估企业的信用风险；通过操作风险模型，可以评估金融机构的操作风险。金融机构可以根据风险管理的结果，制定合理的风险管理策略，降低风险损失，保障金融机构的安全运营。

4. 保险精算

保险精算是保险领域中的重要问题，通过对保险数据的分析和建模，确定保险费率和保险赔偿金额，为保险公司的产品设计和定价提供依据。人工智能可以通过数据分析算法和机器学习算法，对保险数据进行分析和建模，预测保险风险和保险赔偿金额。例如，通过数据分析算法，可以分析保险事故的发生频率、损失程度等数据，评估保险风险；通过机器学习算法，可以分析大量的保险数据，建立保险精算模型，自动确定保险费率和保险赔偿金额。保险公司可以根据保险精算的结果，设计合理的保险产品，制定合理的保险费率，提高保险公司的经营效益。

第三章　大数据驱动的电子商务决策

第一节　大数据的采集与整合在电商中的重要性

一、电商行业中的大数据来源

（一）用户行为数据

1. 浏览记录

（1）重要性

用户在电商平台上的浏览记录是了解其兴趣爱好和购物意向的重要依据。通过分析用户的浏览历史，可以发现用户对哪些商品类别、品牌和款式感兴趣，从而为个性化推荐和精准营销提供数据支持。

（2）数据内容

包括用户浏览的商品页面、停留时间、点击次数等。这些数据可以反映出用户对不同商品的关注度和兴趣程度。

（3）应用场景

商品推荐：根据用户的浏览历史，为其推荐相关的商品，提高推荐的准确性和个性化程度。

页面优化：分析用户在不同页面的停留时间和点击行为，优化页面布局和设计，提高用户体验。

2. 搜索记录

（1）重要性

用户的搜索记录直接反映了其当前的购物需求。通过分析搜索关键词，可以了解用户在寻找哪些商品或服务，以及他们的需求特点和偏好。

（2）数据内容

包括用户输入的搜索关键词、搜索次数、搜索时间等。这些数据可以帮助电商企业了解用户的需求热点和趋势。

（3）应用场景

商品搜索优化：根据用户的搜索记录，优化商品搜索算法，提高搜索结果的准确性和相关性。

营销活动策划：针对用户的搜索热点，策划相应的营销活动，满足用户需求，提高转化率。

3. 购买记录

（1）重要性

购买记录是电商行业中最直接、最有价值的用户行为数据之一。通过分析用户的购买历史，可以了解用户的消费习惯、偏好和购买能力，为个性化营销和客户关系管理提供重要依据。

（2）数据内容

包括用户购买的商品名称、价格、购买时间、购买数量等。这些数据可以反映出用户的购物行为和消费模式。

（3）应用场景

个性化推荐：根据用户的购买历史，为其推荐相关的商品或服务，提高推荐的准确性和转化率。

客户关系管理：通过分析用户的购买频率、购买金额等数据，对用户进行分类和分级，实施不同的客户关系管理策略。

4. 评价记录

（1）重要性

用户的评价记录是了解商品质量和用户满意度的重要渠道。通过分析用户的评价内容，可以了解商品的优缺点、用户的使用体验和需求建议，为商品改进和服务提升提供依据。

（2）数据内容

包括用户对商品的评分、评价内容、评价时间等。这些数据可以反映出用户对商品的满意度和意见反馈。

（3）应用场景

商品改进：根据用户的评价内容，改进商品的质量和性能，提高用户满意度。

服务提升：分析用户的评价反馈，优化售后服务流程，提高服务质量和效率。

（二）商品数据

1. 商品信息

（1）重要性

商品信息是电商平台上展示商品的基础数据。准确、详细的商品信息可以帮助用户更好地了解商品的特点和优势，提高购买决策的准确性。

（2）数据内容

包括商品的名称、描述、图片、规格、价格、库存等。这些数据可以为用户提供全面的商品信息，帮助他们做出购买决策。

（3）应用场景

商品展示：在电商平台上展示商品信息，吸引用户关注，提高商品的曝光率和销售量。

商品搜索优化：根据商品信息，优化商品搜索算法，提高搜索结果的准确性和相关性。

2. 商品销售数据

（1）重要性

商品销售数据是反映商品市场表现的重要指标。通过分析商品的销售数量、销售额、销售趋势等数据，可以了解商品的受欢迎程度和市场需求，为商品采购、库存管理和营销策略制定提供依据。

（2）数据内容

包括商品的销售数量、销售额、销售时间、销售地区等。这些数据可以反映出商品的销售情况和市场需求。

（3）应用场景

商品采购决策：根据商品的销售数据，制定合理的商品采购计划，确保商品的供应和库存水平。

库存管理：通过分析商品的销售趋势和库存水平，调整商品的库存策略，避免库存积压或缺货现象。

3. 商品评价数据

（1）重要性

商品评价数据是了解商品质量和用户满意度的重要渠道。通过分析商品的评价内容、评分等数据，可以了解商品的优缺点、用户的使用体验和需求建议，为商品改进和服务提升提供依据。

（2）数据内容

包括用户对商品的评分、评价内容、评价时间等。这些数据可以反映出用户对商品的满意度和意见反馈。

（3）应用场景

商品改进：根据用户的评价内容，改进商品的质量和性能，提高用户满意度。

服务提升：分析用户的评价反馈，优化售后服务流程，提高服务质量和效率。

（三）营销数据

1. 促销活动数据

（1）重要性

促销活动数据是评估营销活动效果的重要依据。通过分析促销活动的参与人数、销售额、转化率等数据，可以了解促销活动的吸引力和效果，为优化营销策略提供参考。

（2）数据内容

包括促销活动的名称、时间、折扣力度、参与人数、销售额等。这些数据可以反映出促销活动的效果和市场反应。

（3）应用场景

营销活动评估：根据促销活动数据，评估营销活动的效果，总结经验教训，为下一次活动提供参考。

营销策略优化：根据促销活动的效果和用户反馈，调整营销策略，提高营销活动的针对性和有效性。

2. 广告投放数据

（1）重要性

广告投放数据是评估广告效果的重要依据。通过分析广告的投放渠道、投放时间、点击率、转化率等数据，可以了解广告的曝光度和效果，为优化广告投放策略提供参考。

（2）数据内容

包括广告的投放渠道、投放时间、广告内容、点击率、转化率等。这些数据可以反映出广告的效果和市场反应。

（3）应用场景

广告效果评估：根据广告投放数据，评估广告的效果，总结经验教训，为下一次广告投放提供参考。

广告投放策略优化：根据广告的效果和用户反馈，调整广告投放策略，提高广告的针对性和有效性。

3. 社交媒体数据

（1）重要性

社交媒体数据是了解用户口碑和市场趋势的重要渠道。通过分析用户在社交媒体上对电商平台和商品的讨论、分享等数据，可以了解用户的需求和意见，为品牌建设和营销策略制定提供依据。

（2）数据内容

包括用户在社交媒体上的评论、点赞、分享、话题讨论等。这些数据可以反映出用户对电商平台和商品的关注度和评价。

（3）应用场景

品牌建设：通过分析社交媒体数据，了解用户对品牌的认知和评价，制定品牌建设策略，提高品牌知名度和美誉度。

营销策略制定：根据用户在社交媒体上的需求和意见，制定相应的营销策略，提高营销活动的针对性和有效性。

（四）供应链数据

1. 供应商数据

（1）重要性

供应商数据是电商企业管理供应链的重要依据。通过分析供应商的名称、联系方式、产品质量、交货期等数据，可以了解供应商的实力和信誉，为选择合适的供应商和优化供应链管理提供参考。

（2）数据内容

包括供应商的基本信息、产品信息、交易记录、评价等。这些数据可以反映出供应商的实力和信誉。

（3）应用场景

供应商选择：根据供应商数据，选择合适的供应商，确保商品的质量和供应稳定性。

供应链管理：通过分析供应商的交货期、产品质量等数据，优化供应链管理流程，提高供应链的效率和可靠性。

2. 库存数据

（1）重要性

库存数据是电商企业管理库存的重要依据。通过分析库存的数量、位置、周转率等数据，可以了解库存的状况和变化趋势，为库存管理和采购决策提供参考。

（2）数据内容

包括库存的商品名称、数量、位置、入库时间、出库时间等。这些数据可以反映出库存的状况和变化趋势。

（3）应用场景

库存管理：根据库存数据，制定合理的库存管理策略，确保库存水平的合理性和稳定性。

采购决策：通过分析库存的周转率和销售趋势等数据，制定合理的采购计划，确保商品的供应和库存水平。

3. 物流数据

（1）重要性

物流数据是电商企业管理物流配送的重要依据。通过分析物流配送的时间、费用、状态等数据，可以了解物流配送的效率和服务质量，为优化物流配送策略提供参考。

（2）数据内容

包括物流配送的订单号、发货时间、收货时间、物流费用、物流状态等。这些数据可以反映出物流配送的效率和服务质量。

（3）应用场景

物流配送优化：根据物流数据，优化物流配送路线和配送方式，提高物流配送的效率和服务质量。

客户服务：通过分析物流数据，及时掌握物流配送状态，为用户提供准确的物流信息查询服务，提高客户满意度。

二、大数据采集在电商中的重要性

（一）了解消费者需求

1. 精准把握消费者兴趣爱好

大数据采集能够收集消费者在电商平台上的浏览历史、搜索记录、购买行为等多维度数据。通过对这些数据的分析，电商企业可以深入了解消费者的兴趣爱好，准确判断消费者对不同商品品类、品牌、款式的偏好程度。

例如，通过分析消费者的浏览历史，发现某一消费者经常浏览运动品牌的商品页面，且停留时间较长，这表明该消费者对运动品牌有较高的兴趣。电商企业可以根据这一信息，为该消费者推荐相关的运动品牌商品，提高推荐的精准度和针对性。

2. 洞察消费者购买决策过程

大数据采集可以跟踪消费者从搜索商品到最终购买的整个过程，记录消费者在各个环节的行为数据。通过对这些数据的分析，电商企业可以洞察消费者的购买决策过程，了解消费者在不同阶段的需求和关注点。

例如，分析消费者在搜索商品时使用的关键词，可以了解消费者的需求痛点；观察消费者在对比不同商品时的行为，可以掌握消费者的决策因素。电商企业可以根据这些洞察，优化商品展示和营销策略，提高消费者的购买转化率。

3. 预测消费者需求趋势

基于大数据采集的历史数据和实时数据，电商企业可以运用数据分析模型和算法，对消费者的需求趋势进行预测。这有助于电商企业提前做好商品采购、库存管理和营销策划等工作，满足消费者未来的需求。

例如，通过分析过去一段时间内某一品类商品的销售数据和消费者搜索趋势，可以预测该品类商品在未来的需求增长情况。电商企业可以根据预测结果，提前增加该品类商品的库存，并制定相应的促销策略，抢占市场先机。

（二）优化商品管理

1. 精准采购与库存管理

大数据采集可以提供关于商品销售情况、库存水平、消费者需求等方面的实时数据。电商企业可以根据这些数据，制定精准的采购计划，避免库存积压或缺货现象的发生。

例如，通过分析商品的销售速度和库存周转率，电商企业可以确定合理的采购数量和采购周期。同时，结合消费者需求预测，提前采购热门商品，确保商品的供应稳定性。

2. 商品品类优化

大数据采集可以帮助电商企业了解不同商品品类的销售情况、市场份额和增长趋势。通过对这些数据的分析，电商企业可以优化商品品类结构，淘汰滞销品类，增加畅销品类和新兴品类。

例如，分析某一电商平台上各个商品品类的销售数据，发现某个品类的销售额持续下滑，而另一个新兴品类的需求增长迅速。电商企业可以考虑减少对滞销品类的投入，加大对新兴品类的推广和采购力度，以满足消费者不断变化的需求。

3. 商品定价策略优化

大数据采集可以收集竞争对手的商品价格、消费者对价格的敏感度等数据。电商企业可以根据这些数据，制定合理的商品定价策略，提高商品的竞争力和盈利能力。

例如，通过分析竞争对手的价格走势和消费者的价格反馈，电商企业可以确定自己商品的价格区间。同时，结合商品的成本和市场定位，制定差异化的定价策略，如高端商品高价定位、大众商品低价定位等。

（三）提升营销效果

1. 个性化营销

大数据采集可以获取消费者的个人信息、行为数据和偏好数据。电商企业可以根据这些数据，为消费者提供个性化的营销服务，提高营销的针对性和有效性。

例如，根据消费者的购买历史和浏览记录，为其推荐符合其兴趣爱好的商品；根据消费者的生日、节日等特殊时间节点，发送个性化的促销信息。个性化营销能够提高消费者的参与度和忠诚度，促进销售增长。

2. 精准广告投放

大数据采集可以提供消费者的人口统计学信息、兴趣爱好、消费行为等数据。电商企业可以利用这些数据，进行精准的广告投放，提高广告的点击率和转化率。

例如，通过分析消费者的浏览历史和搜索记录，确定消费者的兴趣领域和需求痛点。然后，在相关的网站、社交媒体平台等渠道投放针对性的广告，吸引消费者的关注。精准广告投放能够提高广告资源的利用效率，降低营销成本。

3. 营销活动效果评估

大数据采集可以实时监测营销活动的执行情况和效果数据。电商企业可以根据这些数据，对营销活动进行及时的评估和调整，提高营销活动的成功率。

例如，通过分析营销活动的参与人数、销售额、转化率等指标，评估营销活动的效果。如果发现某个营销活动的效果不佳，可以及时调整活动策略，如增加优惠力度、优化活动页面等，以提高活动的吸引力和参与度。

（四）改善用户体验

1. 优化网站设计与功能

大数据采集可以收集消费者在电商平台上的操作行为数据，如页面停留时间、点击次数、购物流程中的痛点等。电商企业可以根据这些数据，优化网站的设计和功能，提高用户体验。

例如，通过分析消费者在购物流程中的操作路径和遇到的问题，优化购物流程，减少操作步骤和烦琐的验证环节；根据消费者的页面停留时间和点击热点，调整页面布局和内容展示，提高页面的吸引力和可读性。

2. 提供个性化的客户服务

大数据采集可以获取消费者的购买历史、投诉记录、咨询问题等数据。电商企业可以根据这些数据，为消费者提供个性化的客户服务，提高客户满意度。

例如，根据消费者的购买历史，为其提供相关的商品使用建议和售后服务；根据消费者的投诉记录，及时解决问题，并改进商品和服务质量。个性化的客户服务能够增强消费者的信任感和忠诚度，促进口碑传播。

3. 快速响应客户需求

大数据采集可以实时监测消费者的反馈信息和需求变化。电商企业可以根据这些数据，快速响应，提高客户满意度。

例如，通过分析消费者的评价和投诉，及时发现商品和服务中的问题，并采取措施进行改进；根据消费者的咨询问题，快速提供准确的解答和解决方案。快速响应客户需求能够增强消费者的满意度和忠诚度，提高电商企业的竞争力。

三、大数据整合在电商中的重要性

(一) 实现数据共享

1. 打破数据孤岛

在电商企业中，数据往往分散在不同的部门、系统和平台中，形成了一个个"数据孤岛"。这些数据孤岛使得企业难以全面了解客户需求、市场动态和运营状况，限制了企业的发展潜力。

大数据整合通过将不同来源的数据进行整合和集成，打破了数据孤岛，实现了数据的互联互通。例如，将销售部门的销售数据、市场部门的营销数据、客户服务部门的客户反馈数据等进行整合，使得企业能够从多个角度全面了解客户和业务情况。

2. 促进部门协作

数据共享有助于促进电商企业内部各部门之间的协作。不同部门可以通过共享数据，更好地了解彼此的工作和需求，从而实现更高效的协作和配合。

例如，销售部门可以通过共享客户反馈数据，了解客户对产品的意见和建议，从而更好地改进产品和服务；市场部门可以通过共享销售数据，了解市场需求和趋势，从而制定更有效的营销策略。

3. 提升企业效率

数据共享可以减少数据重复采集和存储的成本，提高数据的利用效率。同时，通过共享数据，企业可以避免因数据不一致而导致的决策错误，提高决策的准确性和效率。

例如，企业在进行市场调研时，如果各个部门都独立进行数据采集，不仅会浪费大量的时间和资源，还可能导致数据不一致。而通过大数据整合实现数据共享，企业可以直接从共享的数据中获取所需信息，大大提高了市场调研的效率和准确性。

（二）提高数据分析精度

1. 数据清洗与去重

大数据整合过程中，需要对来自不同来源的数据进行清洗和去重。这是因为不同来源的数据可能存在格式不一致、数据重复、数据错误等问题，这些问题会影响数据分析的精度和可靠性。

通过数据清洗和去重，可以去除噪声数据和冗余数据，提高数据的质量和准确性。例如，对客户信息进行清洗和去重，可以去除重复的客户记录，确保客户信息的准确性和唯一性。

2. 数据融合与集成

大数据整合还包括数据融合和集成。通过将不同类型、不同来源的数据进行融合和集成，可以挖掘出更多有价值的信息，提高数据分析的精度和深度。

例如，将客户的购买历史数据、浏览历史数据、社交媒体数据等进行融合，可以更全面地了解客户的兴趣爱好、消费习惯和需求偏好，从而为个性化推荐和精准营销提供更准的依据。

3. 数据分析算法优化

大数据整合为数据分析算法的优化提供了基础。通过整合大量的数据，可以对数据分析算法进行训练和优化，提高算法的准确性和效率。

例如，利用深度学习算法对整合后的客户数据进行分析，可以更准确地预测客户的购买行为和需求趋势，为企业的决策提供更有力的支持。

（三）支持决策制定

1. 提供全面准确的数据支持

决策制定需要基于全面、准确的数据。大数据整合可以将来自不同来源的数据进行整合和分析，为企业管理层提供全面、准确的数据支持，帮助他们做出更科学、合理的决策。

例如，在制定营销策略时，企业管理层可以通过整合销售数据、市场调研数据、客户反馈数据等，了解市场需求和竞争态势，从而制定出更有针对性的营销策略。

2. 实现数据可视化

大数据整合可以将复杂的数据以可视化的方式呈现出来，使决策制定更加直观、高效。通过数据可视化，企业管理层可以更快速地了解数据的含义和趋势，从而做出更及时的决策。

例如，通过制作销售数据的可视化图表，企业管理层可以直观地了解不同产品的销售情况、销售趋势和市场份额，从而及时调整产品策略和销售策略。

3. 支持实时决策

在电商行业中，市场变化迅速，企业需要能够及时做出决策以应对市场变化。大数据整合可以实现实时数据采集和分析，为企业提供实时的决策支持。

例如，通过实时监测客户的购买行为和需求变化，企业可以及时调整产品推荐和营销策略，提高客户满意度和销售转化率。

四、大数据采集与整合的方法与技术

（一）数据采集方法

1. 网络爬虫

（1）概念与原理

网络爬虫是一种自动抓取互联网上信息的程序。它通过模拟浏览器的行为，按照一定的规则遍历网页，提取所需的数据。网络爬虫通常由种子 URL 开始，通过分析网页中的链接，不断地扩展抓取的范围。

（2）应用场景

网络爬虫在电商领域中有着广泛的应用。例如，可以用来抓取竞争对手的产品信息、价格、用户评价等数据，帮助企业了解市场动态和竞争对手的情况。此外，还可以抓取行业新闻、趋势报告等信息，为企业的战略决策提供参考。

（3）技术要点

选择合适的爬虫框架：目前有很多开源的爬虫框架可供选择，如 Scrapy、

Beautiful Soup 等。这些框架提供了丰富的功能和灵活的配置选项，可以根据具体的需求进行选择。

设置合理的抓取策略：包括抓取的深度、广度、频率等。要避免过度抓取对目标网站造成负担，同时要确保能够获取到足够的数据。

处理反爬虫机制：很多网站会采取反爬虫措施，如设置验证码、限制访问频率等。爬虫程序需要采取相应的技术手段来应对这些反爬虫机制，如使用代理 IP、模拟人类行为等。

2. 传感器技术

（1）概念与原理

传感器是一种能够感知物理世界中各种信号的设备。在电商领域中，传感器可以用于采集商品的库存、物流等数据。例如，通过在仓库中安装温度、湿度传感器，可以实时监测商品的存储环境；通过在物流车辆上安装 GPS 传感器，可以实时跟踪货物的运输位置。

（2）应用场景

传感器技术在电商的供应链管理中具有重要作用。可以帮助企业实时掌握商品的库存情况、运输状态，提高供应链的透明度和效率。此外，还可以用于监测商品的质量，如通过传感器检测商品的温度、湿度、压力等参数，判断商品是否在运输过程中受到损坏。

（3）技术要点

选择合适的传感器类型：根据不同的应用场景选择合适的传感器类型，如温度传感器、湿度传感器、GPS 传感器等。

确保传感器的准确性和可靠性：传感器的数据质量直接影响到后续的分析和决策，因此需要选择质量可靠的传感器，并定期进行校准和维护。

建立数据传输和存储系统：传感器采集到的数据需要及时传输到数据中心进行存储和分析。可以采用无线传输技术，如 Wi-Fi、蓝牙、ZigBee 等，将传感器数据传输到数据中心。

3. 日志文件分析

（1）概念与原理

日志文件是系统或应用程序在运行过程中自动生成的记录文件。通过分析日志文件，可以获取用户的行为数据、系统的运行状态等信息。在电商领域中，电商平台的服务器日志文件可以记录用户的访问行为、交易记录等数据。

（2）应用场景

日志文件分析可以用于用户行为分析、系统性能优化、安全审计等方面。例如，通过分析用户的访问日志，可以了解用户的浏览习惯、购买行为，为个性化推荐和精准营销提供依据；通过分析系统的错误日志，可以及时发现和解决系统故障，提高系统的稳定性和可靠性。

（3）技术要点

选择合适的日志分析工具：目前有很多日志分析工具可供选择，如 ELK Stack、Splunk 等。这些工具提供了强大的日志分析功能，可以快速处理大量的日志数据。

制定合理的日志格式和规范：为了便于日志分析，需要制定统一的日志格式和规范，确保日志数据的一致性和可读性。

建立实时监控和报警机制：对于关键的日志信息，如系统错误、安全事件等，需要建立实时监控和报警机制，以便及时发现和处理问题。

（二）数据整合技术

1. 数据仓库

（1）概念与原理

数据仓库是一个面向主题的、集成的、相对稳定的、随时间变化的数据集合，用于支持管理决策。在电商领域中，数据仓库可以将来自不同数据源的数据进行整合和存储，为数据分析和决策提供统一的数据平台。

（2）应用场景

数据仓库在电商企业的数据分析和决策中起着核心作用。可以将电商平台的交易数据、用户行为数据、商品数据、供应链数据等进行整合，为企业提供全面的业务洞察。例如，通过分析数据仓库中的销售数据和用户行为数据，可以了解用户的购买偏好和趋势，为商品推荐和营销策略制定提供依据。

（3）技术要点

数据抽取、转换和加载（ETL）：ETL 是将数据从源系统抽取出来，经过清洗、转换等处理后加载到数据仓库中的过程。ETL 过程需要确保数据的准确性、完整性和一致性。

数据存储和管理：数据仓库通常采用关系型数据库或分布式文件系统进行数据存储。需要根据数据量、访问模式等因素选择合适的存储方案，并建立有效的数据管理机制，确保数据的安全和可用性。

数据分析和报表生成：数据仓库提供了丰富的数据分析工具和报表生成功能，可以帮助企业进行数据分析和决策。例如，可以使用 SQL 查询、数据挖掘算法等进行数据分析，生成各种报表和可视化图表。

2. 数据清洗

（1）概念与原理

数据清洗是指对采集到的数据进行清理和处理，去除噪声、错误和重复数据，提高数据的质量和可用性。在电商领域中，由于数据来源广泛、类型多样，数据质量问题比较突出，因此数据清洗是数据整合的重要环节。

（2）应用场景

数据清洗可以应用于电商企业的各个业务环节。例如，在商品数据管理中，需要对商品信息进行清洗，去除错误的商品描述、价格等信息；在用户行为分析中，需要对用户的浏览记录、购买记录等进行清洗，去除异常数据和重复数据。

（3）技术要点

数据质量评估：在进行数据清洗之前，需要对数据的质量进行评估，确定数据中存在的问题和清洗的重点。可以采用数据质量指标、数据可视化等方法进行数据质量评估。

数据清洗算法和工具：根据数据质量评估的结果，选择合适的数据清洗算法和工具进行数据清洗。例如，可以使用数据去重算法去除重复数据，使用数据填充算法填充缺失数据，使用数据验证算法验证数据的准确性。

清洗后的数据验证：在完成数据清洗后，需要对清洗后的数据进行验证，确保数据的质量和可用性。可以采用数据抽样、数据对比等方法进行数据验证。

3. 数据融合

（1）概念与原理

数据融合是指将不同来源、不同类型的数据进行融合和集成，形成一个统一的数据视图。在电商领域中，数据融合可以将电商平台的内部数据和外部数据进行融合，如将用户的行为数据和社交媒体数据进行融合，为用户画像和精准营销提供更全面的信息。

（2）应用场景

数据融合在电商企业的个性化推荐、精准营销、客户关系管理等方面具有广泛的应用。例如，通过将用户的购买记录和浏览记录与社交媒体上的用户兴趣标签进行融合，可以更准确地了解用户的兴趣爱好和需求，为个性化推荐提供依据。

（3）技术要点

数据匹配和关联：数据融合的关键是要找到不同数据源之间的数据匹配和关联关系。可以采用数据匹配算法、数据关联规则等方法进行数据匹配和关联。

数据融合算法和工具：根据数据的特点和融合的需求，选择合适的数据融合算法和工具进行数据融合。例如，可以使用数据集成算法将多个数据源的数据进行集成，使用数据融合模型将不同类型的数据进行融合。

融合后的数据评估：在完成数据融合后，需要对融合后的数据进行评估，确保数据的质量和可用性。可以采用数据质量指标、数据分析等方法进行数据评估。

第二节　利用大数据构建精准用户画像

一、大数据在用户画像构建中的作用

（一）数据来源丰富

1. 多渠道数据收集

（1）电子商务平台：用户在电商平台上的浏览记录、购买历史、收藏夹内容等数据，能够反映用户的消费偏好和购物习惯。

（2）社交媒体：用户在社交媒体上的发布内容、关注对象、互动行为等数据，可以揭示用户的兴趣爱好、社交关系和生活方式。

（3）移动应用：通过移动应用收集到的用户位置信息、使用频率、功能偏好等数据，有助于了解用户的日常活动和需求场景。

（4）线下门店：实体店的会员系统、销售数据、顾客反馈等信息，也可以为用户画像提供补充。

2. 全面了解用户

综合不同渠道的数据，可以更全面地了解用户的各个方面。例如，结合电商平台和社交媒体的数据，可以发现用户在购物时的决策因素以及受社交影响的程度。

多渠道数据还能帮助企业发现用户的潜在需求。比如，用户在社交媒体上关注的某个新兴话题，可能预示着对相关产品或服务的潜在兴趣。

3. 应对数据偏差

单一渠道的数据可能存在偏差。例如，电商平台上的用户行为可能受到促销活动等因素的影响，不能完全代表用户的真实需求。而多渠道数据可以相互印证，减少数据偏差。

不同渠道的数据可以互补。比如，对于一些不常在线购物的用户，线下门店的数据可以弥补电商平台数据的不足。

（二）数据量大

1. 提供更广泛的样本

大数据的海量数据能够涵盖更广泛的用户群体，使得用户画像更具代表性。无论是小众用户还是主流用户，都能在大数据中找到相应的行为记录。

大量的数据样本可以减少统计误差，提高用户画像的准确性。例如，在分析用户购买行为时，大数据可以提供足够多的样本，使得分析结果更加可靠。

2. 捕捉细微差异

数据量大意味着可以捕捉到用户行为的细微差异。不同用户在购物时间、购买频率、商品选择等方面的微小差异，都可能反映出其独特的需求和偏好。

这些细微差异对于个性化营销和服务至关重要。企业可以根据用户的细微差异，为其提供定制化的产品推荐和服务体验。

3. 发现潜在模式

大数据的庞大体量使得企业能够发现隐藏在数据中的潜在模式。例如，通过对大量用户的购买历史进行分析，可能发现某些商品之间的关联购买模式。

这些潜在模式可以为企业的产品组合优化、营销策略制定等提供重要依据。比如，根据关联购买模式进行商品捆绑销售，提高销售转化率。

（三）数据处理速度快

1. 实时更新用户画像

大数据技术能够实现快速的数据处理，使得用户画像可以实时更新。随着用户行为的不断变化，企业能够及时调整用户画像，以保持对用户的准确了解。

实时更新的用户画像对于动态营销和服务至关重要。例如，当用户在电商平台上浏览某类商品时，企业可以立即根据其最新的行为调整推荐内容。

2. 快速响应市场变化

数据处理速度快使得企业能够快速响应市场变化。例如，在竞争对手推出新产品或促销活动时，企业可以迅速分析用户数据，了解用户的反应，并及时调整自己的策略。

快速响应市场变化有助于企业在激烈的市场竞争中保持优势。通过及时调整产品、价格、营销策略等，满足用户不断变化的需求。

3. 提高决策效率

快速的数据处理速度可以为企业决策提供及时的支持。管理层可以根据实时的用户画像数据，迅速做出关于产品研发、市场营销、客户服务等方面的决策。

提高决策效率意味着企业能够更快地适应市场变化，抓住机遇，降低风险。例如，在推出新产品时，企业可以根据快速分析的用户数据，确定目标用户群体和营销策略，提高产品的成功率。

（四）数据分析精度高

1. 先进的分析技术

大数据分析技术包括机器学习、深度学习、数据挖掘等，这些技术能够从海量数据中提取出有价值的信息，提高数据分析的精度。

例如，通过机器学习算法对用户购买历史进行分析，可以准确预测用户未来的购买行为，为个性化推荐提供更精准的依据。

2. 深度洞察用户需求

高精度的数据分析可以深入洞察用户的需求和偏好。通过对用户行为数据的细致分析，企业可以了解用户在不同场景下的需求动机和决策过程。

这种深度洞察有助于企业开发出更符合用户需求的产品和服务。例如，通过分析用户在使用移动应用时的操作流程和痛点，优化应用的功能设计和用户体验。

3. 精准营销和服务

基于高精度的用户画像，企业可以实现精准营销和服务。例如，根据用户的兴趣爱好和消费能力，向其推送个性化的广告和促销信息，提高营销效果。

精准的服务也能提高用户满意度和忠诚度。例如，根据用户的历史服务需求，为其提供定制化的客户服务，解决用户的问题更加高效。

二、构建用户画像的方法和流程

（一）确定用户画像的维度和指标

1. 用户基本属性

（1）年龄：不同年龄段的用户在需求和行为上有很大差异。例如，年轻人更注重时尚和潮流，而老年人更关注健康和舒适。

（2）性别：男性和女性在消费偏好、购物习惯等方面有所不同。比如，女性更倾向于购买化妆品和服装，男性则更关注电子产品和运动装备。

（3）地域：用户所处的地理位置会影响其消费行为和需求。不同地区的文化、经济水平和消费习惯不同，企业可以根据地域特点进行针对性的营销和服务。

（4）职业：用户的职业决定了其收入水平、消费能力和需求特点。例如，白领阶层可能更注重品质和品牌，而蓝领阶层则更关注价格和实用性。

（5）收入：收入水平直接影响用户的消费能力和消费决策。高收入用户可能更倾向于购买高端产品和服务，而低收入用户则更注重性价比。

2. 用户行为习惯

（1）浏览记录：用户在网站、App 等平台上的浏览历史可以反映其兴趣爱好和需求。通过分析浏览记录，企业可以了解用户关注的产品类型、品牌和主题。

（2）搜索记录：用户的搜索关键词可以揭示其当前的需求和问题。企业可以根据搜索记录为用户提供相关的产品推荐和解决方案。

（3）购买记录：购买历史是了解用户需求和行为的重要依据。包括购买的产品种类、品牌、价格区间、购买频率等信息，可以帮助企业分析用户的消费偏好和消费能力。

（4）评价记录：用户对产品和服务的评价可以反映其满意度和需求。企业可以通过分析评价记录，了解用户的意见和建议，改进产品和服务。

3.用户兴趣爱好

（1）关注的话题：用户在社交媒体、论坛等平台上关注的话题可以反映其兴趣爱好和需求。例如，关注健身话题的用户可能对运动装备和健身课程有需求。

（2）喜欢的品牌：用户喜欢的品牌可以体现其消费偏好和价值观。企业可以根据用户喜欢的品牌，为其推荐类似的产品和品牌。

（3）参与的活动：用户参与的活动可以反映其兴趣爱好和生活方式。例如，参加户外运动的用户可能对户外装备和旅游产品有需求。

4.用户消费特征

（1）消费金额：用户的消费金额可以反映其消费能力和消费层次。企业可以根据消费金额对用户进行分类，为不同层次的用户提供不同的产品和服务。

（2）消费频率：消费频率可以反映用户的忠诚度和需求强度。高消费频率的用户可能对企业的产品和服务有较高的满意度和需求。

（3）消费偏好：用户的消费偏好包括对产品的品质、价格、品牌、功能等方面的偏好。企业可以根据用户的消费偏好，为其提供符合其需求的产品和服务。

（二）收集用户数据

1.内部数据收集

（1）网站和 App 数据：企业可以通过网站和 App 的日志文件、数据库等收集用户的浏览记录、搜索记录、购买记录等数据。

（2）客户关系管理系统（CRM）：CRM 系统中存储了用户的基本信息、

购买历史、联系记录等数据，可以为用户画像提供重要的信息来源。

（3）企业内部数据库：企业内部的数据库可能包含用户的订单信息、库存信息、财务信息等，这些数据也可以用于用户画像的构建。

2. 外部数据收集

（1）社交媒体数据：社交媒体平台上用户发布的内容、关注的话题、互动行为等数据可以反映用户的兴趣爱好和需求。企业可以通过 API 接口或数据采集工具收集社交媒体数据。

（2）第三方数据提供商：有一些专业的数据提供商可以提供用户的人口统计学信息、消费行为数据等。企业可以根据需要购买这些数据，丰富用户画像的信息。

（3）调查问卷和访谈：企业可以通过调查问卷和访谈的方式直接收集用户的信息和反馈。这种方式可以获取用户的主观感受和需求，但数据量相对较小。

（三）数据清洗和预处理

1. 数据清洗

（1）去除噪声数据：噪声数据是指与用户画像构建无关或不准确的数据。例如，异常的浏览记录、错误的购买金额等。企业可以通过数据筛选、异常值检测等方法去除噪声数据。

（2）处理缺失值：缺失值是指数据中某些字段的值为空。企业可以通过数据填充、插值等方法处理缺失值。例如，对于用户的年龄缺失值，可以根据其购买历史和浏览记录进行推测填充。

（3）去除重复数据：重复数据是指数据中存在多条相同的记录。企业可以通过数据去重算法去除重复数据，确保数据的唯一性。

2. 数据预处理

（1）数据格式转换：将不同来源的数据转换为统一的格式，便于后续的分析和处理。例如，将日期格式统一为"年－月－日"的形式。

（2）数据归一化：将数据进行归一化处理，使得不同指标的数据具有可比性。例如，将用户的消费金额进行归一化处理，使其在［0，1］区间内。

（3）数据离散化：对于一些连续型的数据，可以进行离散化处理，将其转换为离散的区间或类别。例如，将用户的年龄分为"18－24 岁""25－34 岁""35－44 岁"等区间。

（四）数据分析和挖掘

1. 数据分析方法

（1）统计分析：通过对用户数据进行统计分析，了解用户的基本特征和行为模式。例如，计算用户的平均年龄、消费金额的中位数、购买频率的标准差等。

（2）关联分析：关联分析可以发现用户行为之间的关联关系。例如，通过分析用户的购买历史，可以发现某些商品之间的关联购买模式。

（3）聚类分析：聚类分析可以将用户分为不同的群体，每个群体具有相似的特征和行为模式。企业可以根据不同的用户群体制定针对性的营销策略和服务方案。

（4）分类分析：分类分析可以根据用户的特征和行为模式，对用户进行分类预测。例如，根据用户的浏览记录和购买历史，预测用户是否会购买某一产品。

2. 数据分析工具

（1）Excel：Excel是一款常用的数据分析工具，可以进行数据的整理、统计分析和图表制作。对于小规模的数据处理和分析，Excel是一个方便快捷的选择。

（2）SQL：SQL是一种用于管理关系型数据库的语言，可以进行数据的查询、筛选、聚合等操作。对于从数据库中提取数据进行分析，SQL是一个强大的工具。

（3）Python：Python是一种编程语言，具有丰富的数据处理和分析库，如Pandas、Numpy、Scikit－learn等。Python可以进行大规模数据的处理和分析，以及机器学习和数据挖掘等高级分析。

（4）R：R是一种专门用于统计分析和数据可视化的语言，具有丰富的统计分析函数和绘图功能。R适用于进行复杂的统计分析和数据可视化。

（五）构建用户画像

1. 用户标签体系

（1）标签分类：根据用户画像的维度和指标，将用户标签分为不同的类别，如基本属性标签、行为习惯标签、兴趣爱好标签、消费特征标签等。

（2）标签定义：对每个标签进行明确的定义，包括标签的名称、含义、取值范围等。例如，"年龄标签"可以定义为用户的年龄区间，取值范围为"18—24岁""25—34岁""35—44岁"等。

（3）标签生成：根据用户数据和数据分析结果，为用户生成相应的标签。例如，根据用户的购买历史和浏览记录，为用户生成"喜欢运动品牌"的标签。

2.用户画像模型

（1）画像维度：确定用户画像的维度，如用户的基本属性、行为习惯、兴趣爱好、消费特征等。每个维度可以包含多个标签，形成一个多维度的用户画像模型。

（2）画像描述：对每个用户画像进行详细的描述，包括用户的特征、需求和行为模式等。例如，对于一个"年轻时尚女性用户画像"，可以描述为"年龄在18—24岁，喜欢时尚服装和化妆品，经常在社交媒体上关注时尚话题，消费能力中等，购买频率较高"。

（3）画像可视化：将用户画像以可视化的方式呈现出来，如用户画像卡片、用户画像图谱等。可视化的用户画像可以更直观地展示用户的特征和需求，便于企业内部的沟通和决策。

（六）用户画像的验证和优化

1.用户画像验证

（1）数据验证：通过对比用户画像与实际数据的一致性，验证用户画像的准确性。例如，检查用户画像中某个用户群体的消费特征是否与实际数据相符。

（2）用户反馈验证：通过收集用户的反馈和意见，验证用户画像的有效性。例如，向用户发放调查问卷，了解用户对自己的画像描述是否认可。

（3）业务效果验证：通过观察用户画像在业务中的应用效果，验证用户画像的实用性。例如，根据用户画像进行个性化推荐，观察推荐的准确率和用户的点击率、转化率等指标。

2.用户画像优化

（1）数据更新：随着时间的推移，用户的特征和行为会发生变化，因此需要定期更新用户数据，以保证用户画像的时效性。

（2）标签调整：根据用户画像验证的结果，对用户标签进行调整和优化。

例如，去除不准确的标签，增加新的标签，调整标签的定义和取值范围等。

（3）模型优化：根据业务需求和数据分析的结果，对用户画像模型进行优化。例如，调整画像维度的权重，改进画像描述的准确性和完整性等。

第三节　大数据驱动的营销策略创新

一、大数据在营销中的应用

（一）用户画像构建

1. 用户画像的多维价值

（1）洞察消费者内心世界

用户画像不仅仅是一组数据标签，更是对消费者的深度洞察。它涵盖了消费者的年龄、性别、地域等基本属性，以及行为习惯、兴趣爱好和消费特征等多维度信息。通过这些信息，企业可以仿佛走进消费者的内心世界，了解他们的喜好、需求和痛点。

（2）个性化营销的基石

精准的用户画像为个性化营销提供了坚实的基础。企业可以根据不同用户群体的画像特征，量身定制产品推荐、广告投放和营销活动，从而提高营销效果和转化率。例如，对于年轻时尚的消费者群体，可以推荐潮流的服装和电子产品；对于注重健康的消费者群体，可以推荐有机食品和健身器材。

（3）产品优化的重要依据

用户画像也是产品优化的重要依据。通过分析用户对产品的使用习惯和反馈意见，企业可以了解产品的优势和不足，进而对产品进行改进和优化。比如，如果用户画像显示某个年龄段的消费者对产品的某个功能不太满意，企业可以针对性地进行改进，提高产品的用户体验和竞争力。

2. 大数据助力用户画像构建

（1）丰富的数据来源

大数据时代，企业可以从多个渠道获取丰富的用户数据。电子商务平台记录了用户的购买历史、浏览记录和评价信息；社交媒体平台展示了用户的兴趣爱好、社交关系和互动行为；移动应用则提供了用户的位置信息、使用频率和功能偏好等。这些多渠道的数据为构建精准的用户画像提供了充足的素材。

（2）海量数据的优势

大数据的海量数据特性使得企业能够更全面地了解用户。相比传统的小样本数据，大数据可以涵盖更广泛的用户群体，捕捉到更多的细节和变化。通过对海量数据的分析，企业可以发现用户行为的细微差异和潜在模式，从而提高用户画像的准确性和完整性。

（3）快速的数据处理

大数据技术能够实现快速的数据处理和分析，使得企业可以及时获取用户数据，并构建实时更新的用户画像。随着用户行为的不断变化，企业能够迅速调整营销策略和产品服务，以满足用户的最新需求。例如，当用户在社交媒体上关注了某个新的话题，企业可以立即根据这个变化更新用户画像，并为用户推荐相关的产品和服务。

（4）深度数据分析

大数据分析技术，如机器学习和数据挖掘，能够深入挖掘用户数据中的隐藏模式和规律。这些技术可以发现用户行为之间的关联关系、预测用户的未来需求，从而为用户画像的构建提供更精准的依据。例如，通过分析用户的购买历史和浏览记录，企业可以发现某些商品之间的关联购买模式，进而为用户推荐相关的产品组合。

3. 用户画像构建的步骤与方法

（1）确定画像维度和指标

企业需要确定用户画像的维度和指标。除了基本的人口统计学信息外，还可以包括用户的消费行为、兴趣爱好、社交关系等方面的指标。例如，用户的购买频率、消费金额、喜欢的品牌、关注的话题、社交圈子等。

（2）数据收集与整合

通过内部和外部渠道收集用户数据，并进行整合。内部数据可以来自企业的电子商务平台、客户关系管理系统、销售数据库等；外部数据可以通过合作、购买或数据采集工具从社交媒体、第三方数据提供商等渠道获取。在整合数据时，需要注意数据的格式统一和去重处理，确保数据的准确性和完整性。

（3）数据清洗与预处理

对收集到的数据进行清洗和预处理，去除噪声、错误和重复数据。同时，对数据进行格式转换、归一化和离散化等处理，以便后续的数据分析和挖掘。例如，将日期格式统一为标准格式，将消费金额进行归一化处理，将用户的年龄分为不同的年龄段。

（4）数据分析与挖掘

采用统计分析、机器学习和数据挖掘等方法对预处理后的数据进行分析和挖掘。通过分析用户的行为模式、兴趣爱好和消费特征，提取出有价值的信息和特征，为用户画像的构建提供依据。例如，通过聚类分析将用户分为不同的群体，通过关联分析发现商品之间的关联购买模式。

（5）构建用户画像

根据数据分析的结果，构建用户画像。可以采用标签化的方式，为每个用户赋予一组标签，描述其特征和行为模式。例如，"年轻时尚爱好者"、"健康生活追求者"、"科技达人"等。同时，还可以通过可视化的方式展示用户画像，如用户画像图谱、用户画像卡片等，以便企业内部人员更好地理解和应用。

（6）验证与优化

对构建的用户画像进行验证和优化。可以通过用户调研、数据分析等方式，验证用户画像的准确性和有效性。如果发现用户画像与实际情况不符，需要及时调整画像维度和指标，重新进行数据收集和分析，以提高用户画像的质量。

（二）市场细分

1. 市场细分的战略意义

（1）满足多样化需求

市场细分有助于企业更好地满足消费者的多样化需求。不同的消费者群体具有不同的需求和偏好，通过市场细分，企业可以针对不同的细分市场提供个性化的产品和服务，提高消费者的满意度和忠诚度。

（2）提高市场竞争力

市场细分可以帮助企业找到自己的目标市场，集中资源和力量，制定更加精准、有效的营销策略。在竞争激烈的市场环境中，企业通过市场细分可以突出自己的特色和优势，提高市场竞争力。

（3）优化资源配置

市场细分可以使企业更加合理地分配资源。企业可以根据不同细分市场的规模、增长潜力和竞争状况，合理安排生产、销售和营销资源，提高资源利用效率，降低成本。

2. 大数据在市场细分中的关键作用

（1）精准定位细分市场

大数据技术可以通过对大量市场数据的分析，精准定位不同的细分市场。企业可以根据消费者的行为数据、消费特征、兴趣爱好等信息，将市场划分为具有相似需求和行为特征的子市场。例如，通过分析消费者的购买历史和浏览记录，企业可以发现某些消费者群体对高端品牌有较高的需求，而另一些消费者群体则更注重性价比。

（2）深入了解细分市场特征

大数据可以帮助企业深入了解每个细分市场的特征。通过对细分市场内消费者的行为数据、反馈信息和社交关系等进行分析，企业可以了解细分市场的规模、增长潜力、消费趋势和竞争状况等。例如，通过分析社交媒体上的话题讨论和用户评价，企业可以了解某个细分市场内消费者对产品的期望和需求，从而为产品的改进和营销提供依据。

（3）实时监测市场变化

大数据技术可以实现对市场的实时监测，帮助企业及时了解市场变化和细分市场的动态。企业可以通过收集和分析实时数据，如消费者的搜索行为、购买决策和社交互动等，及时调整市场细分策略，以适应市场的变化。例如，当某个细分市场出现新的竞争对手或消费趋势发生变化时，企业可以迅速做出反应，调整营销策略。

3. 市场细分的方法与流程

（1）确定细分标准和变量

企业需要根据自身的产品特点、市场需求和竞争状况，确定市场细分的标准和变量。常见的细分标准包括消费者需求变量、行为变量、心理变量、地理变量和人口统计变量等。例如，根据消费者的需求类型，可以将市场细分为功能需求型、情感需求型和社交需求型等细分市场；根据消费者的购买行为，可以将市场细分为频繁购买者、偶尔购买者和潜在购买者等细分市场。

（2）数据收集与分析

通过内部和外部渠道收集市场数据，并进行分析。内部数据可以来自企业的销售数据、客户数据和市场调研数据等；外部数据可以通过合作、购买或数据采集工具从行业报告、市场研究机构和社交媒体等渠道获取。在分析数据时，需要运用统计分析、机器学习和数据挖掘等方法，找出不同细分市场之间的差异和特征。

（3）细分市场划分

根据数据分析的结果，将市场划分为若干个具有相似特征的细分市场。在划分细分市场时，需要考虑细分市场的规模、增长潜力、竞争状况和可进入性等因素。例如，对于规模较小、增长潜力有限或竞争激烈的细分市场，企业可能需要谨慎进入或选择放弃。

（4）细分市场描述

对每个细分市场进行详细的描述，包括细分市场的规模、增长潜力、消费趋势、竞争状况和消费者特征等。通过细分市场描述，企业可以更好地了解每个细分市场的特点和需求，为制定营销策略提供依据。例如，对于一个以年轻女性为主要消费者群体的细分市场，企业可以描述其消费趋势为注重时尚、追求个性化，竞争状况为品牌众多、竞争激烈，消费者特征为注重品质、愿意尝试新品牌等。

（5）细分市场验证与调整

对划分的细分市场进行验证和调整。可以通过市场调研、数据分析和实际销售情况等方式，验证细分市场的准确性和有效性。如果发现细分市场划分不合理或与实际情况不符，需要及时调整细分标准和变量，重新进行市场细分。

（三）精准营销

1. 精准营销的核心目标

（1）提高营销效果

精准营销的核心目标之一是提高营销效果。通过精准定位目标客户、个性化推荐和精准营销活动策划，企业可以将营销信息推送给最有可能感兴趣的消费者，提高营销信息的点击率、转化率和购买率，从而实现营销效果的最大化。

（2）降低营销成本

精准营销可以帮助企业降低营销成本。通过避免将营销信息推送给不感兴趣的消费者，企业可以减少营销资源的浪费，提高营销资源的利用效率。同时，精准营销还可以通过个性化推荐和定制化服务，提高消费者的满意度和忠诚度，降低客户流失率，从而降低营销成本。

（3）提升客户体验

精准营销可以提升客户体验。通过为消费者提供个性化的产品和服务，满足消费者的个性化需求，企业可以提高消费者的满意度和忠诚度。同时，精准营销还可以通过及时响应消费者的需求和反馈，提高客户服务水平，提升客户体验。

2. 大数据实现精准营销的途径

（1）精准定位目标客户

大数据技术可以通过对用户数据的分析和挖掘，精准定位目标客户。企业可以根据用户的基本属性、行为习惯、兴趣爱好和消费特征等多维度信息，将用户划分为不同的群体，然后针对不同的群体制定不同的营销策略。例如，通过分析用户的购买历史和浏览记录，企业可以发现某些用户对高端品牌有较高的需求，而另一些用户则更注重性价比。针对不同的用户群体，企业可以制定不同的产品推荐、广告投放和营销活动策略，提高营销效果。

（2）个性化推荐

大数据技术可以为用户提供个性化的推荐服务。通过分析用户的历史行为数据和兴趣爱好，企业可以预测用户的需求和偏好，为用户推荐符合其兴趣爱好和消费需求的产品和服务。例如，电商平台可以根据用户的购买历史和浏览记录，为用户推荐相关的商品；音乐平台可以根据用户的听歌历史和喜好，为用户推荐相似的音乐。个性化推荐可以提高用户的满意度和忠诚度，促进用户的购买行为。

（3）精准营销活动策划

大数据技术可以为企业提供精准的营销活动策划依据。通过分析用户的行为习惯、兴趣爱好和消费特征等信息，企业可以制定符合用户需求的营销活动方案，提高营销活动的效果和转化率。例如，企业可以根据用户的生日、节日等特殊时间节点，为用户提供个性化的促销活动；根据用户的兴趣爱好和社交关系，组织线下活动，提高用户的参与度和忠诚度。

（4）营销效果评估与优化

大数据技术可以对营销活动的效果进行实时评估和优化。通过收集和分析营销活动的数据，如点击率、转化率、购买率和客户满意度等，企业可以了解营销活动的效果和效益，及时调整营销策略和营销活动方案，提高营销活动的效果和转化率。例如，企业可以通过分析广告投放的效果，调整广告投放的渠道、时间和内容，提高广告的点击率和转化率。

3. 精准营销的实施步骤与策略

（1）确定精准营销的目标和策略

企业需要明确精准营销的目标，如提高销售额、增加客户数量、提高客户满意度等。根据营销目标，制定相应的营销策略，如产品策略、价格策略、渠道策略和促销策略等。在制定营销策略时，需要充分考虑目标客户的需求和偏好，以及市场竞争状况和企业自身的资源和能力。

（2）精准定位目标客户

通过收集和分析用户数据，精准定位目标客户。可以采用数据分析、机器学习和数据挖掘等技术，找出具有相似需求和行为特征的用户群体。同时，还可以通过市场调研、用户反馈和社交媒体等渠道，了解目标客户的需求和偏好，进一步精准定位目标客户。

（3）个性化推荐与服务

根据目标客户的需求和偏好，为其提供个性化的推荐和服务。可以通过建立推荐模型、运用人工智能和机器学习技术等方式，为用户推荐符合其兴趣爱好和消费需求的产品和服务。同时，还可以通过定制化服务、个性化沟通等方式，提高用户的满意度和忠诚度。

（4）精准营销活动策划与执行

根据目标客户的需求和偏好，制定精准的营销活动方案。可以采用创意营销、互动营销和体验营销等方式，吸引用户的关注和参与。同时，还需要确保营销活动的执行效果，如活动的宣传推广、用户的参与度和反馈等。

（5）营销效果评估与优化

对精准营销活动的效果进行评估和优化，可以通过收集和分析营销活动的数据，如点击率、转化率、购买率和客户满意度等，了解营销活动的效果和效益。根据评估结果，及时调整营销策略和营销活动方案，提高营销活动的效果和转化率。

（四）营销效果评估

1. 营销效果评估的重要性

（1）了解营销活动的实际效果

营销效果评估可以帮助企业了解营销活动的实际效果，如点击率、转化率、购买率和客户满意度等。通过对这些指标的分析，企业可以判断营销活动是否达到了预期的目标，以及哪些方面需要改进和优化。

（2）优化营销策略

营销效果评估可以为企业提供优化营销策略的依据。通过分析营销活动的数据，企业可以了解不同营销策略的效果和效益，从而选择最适合自己的营销策略。同时，还可以根据评估结果，及时调整营销策略，提高营销活动的效果和转化率。

（3）提高营销决策的科学性

营销效果评估可以为企业的营销决策提供科学依据。通过对营销活动的数据进行分析和挖掘，企业可以了解市场趋势、消费者需求和竞争状况等信息，从而制定更加科学、合理的营销决策。

2. 大数据在营销效果评估中的应用

（1）数据收集与分析

大数据技术可以帮助企业收集和分析大量的营销数据。通过内部和外部渠道收集营销活动的数据，如点击率、转化率、购买率、客户满意度等。运用统计分析、机器学习和数据挖掘等方法，对这些数据进行分析和挖掘，找出营销活动中的关键因素和规律。

（2）实时监测与评估

大数据技术可以实现对营销活动的实时监测和评估。通过收集和分析实时数据，如用户的搜索行为、购买决策和社交互动等，企业可以及时了解营销活动的效果和效益，以及市场的变化和消费者的需求。根据实时监测和评估的结果，企业可以及时调整营销策略和营销活动方案，提高营销活动的效果和转化率。

（3）可视化报告与决策支持

大数据技术可以将营销效果评估的结果以可视化的方式呈现出来，如报表、图表和仪表盘等。通过可视化报告，企业管理层可以直观地了解营销活动的效果和效益，以及市场的变化和消费者的需求。同时，可视化报告还可以为企业的营销决策提供支持，帮助企业制定更加科学、合理的营销决策。

3. 营销效果评估的方法与指标

（1）确定评估指标

企业需要根据营销活动的目标和内容，确定营销效果评估的指标。常见的评估指标包括点击率、转化率、购买率、客户满意度、品牌知名度和市场份额等。在确定评估指标时，需要充分考虑指标的可衡量性、可比较性和时效性。

（2）数据收集与整理

通过内部和外部渠道收集营销活动的数据，并进行整理和分类。在收集数据时，需要确保数据的准确性和完整性。同时，还需要对数据进行清洗和预处理，去除噪声、错误和重复数据。

（3）数据分析与评估

运用统计分析、机器学习和数据挖掘等方法，对收集到的数据进行分析和评估。通过分析数据，找出营销活动中的关键因素和规律，评估营销活动的效果和效益。同时，还可以通过对比不同营销活动的数据，找出最优的营销策略和方案。

（4）报告撰写与反馈

根据数据分析和评估的结果，撰写营销效果评估报告。报告应包括营销活动的目标、内容、效果和效益，以及存在的问题和建议等。同时，还需要将评估报告反馈给企业管理层和相关部门，以便及时调整营销策略和营销活动方案。

二、大数据驱动的营销策略创新方法

（一）数据驱动的决策制定

1. 数据驱动决策的重要性

（1）提高决策的准确性和科学性

传统的营销决策往往基于经验、直觉和主观判断，容易受到个人认知偏差和信息不完整的影响。而数据驱动的决策制定则依靠大量的客观数据，通过数据分析和挖掘技术，揭示市场趋势、用户需求和行为模式，从而为决策提供更加准确、科学的依据。

（2）降低决策风险

在竞争激烈的市场环境中，决策失误可能导致企业遭受巨大的损失。数据驱动的决策制定可以帮助企业在决策前进行充分的市场调研和数据分析，评估各种决策方案的风险和收益，从而降低决策风险，提高决策的成功率。

（3）优化资源配置

企业的资源是有限的，如何将有限的资源合理分配到不同的营销活动中，以实现最大的效益，是企业面临的重要问题。数据驱动的决策制定可以通过对营销数据的分析，了解不同营销渠道、活动和产品的投入产出比，从而优化资源配置，提高资源利用效率。

2. 实现数据驱动决策的关键步骤

（1）数据收集与整合

数据是数据驱动决策的基础，企业需要收集来自多个渠道的用户数据，包括网站访问数据、社交媒体数据、销售数据、客户服务数据等。同时，还需要对这些数据进行整合，建立统一的数据仓库，以便进行后续的分析和挖掘。

（2）数据分析与挖掘

数据分析和挖掘是数据驱动决策的核心环节。企业可以采用统计分析、机器学习、数据挖掘等技术，对收集到的数据进行深入分析，揭示数据中蕴含的规律和趋势。例如，通过分析用户的购买历史和浏览行为，可以了解用户的兴趣爱好和购买偏好，为个性化营销提供依据；通过分析市场趋势和竞争对手数据，可以制定更加有效的市场策略。

（3）决策制定与执行

在数据分析的基础上，企业需要制定相应的营销策略和决策方案。决策方案应该具有明确的目标、具体的行动计划和可衡量的指标，以便在执行过程中进行监控和评估。同时，企业还需要建立有效的决策执行机制，确保决策方案能够得到顺利实施。

（4）监控与评估

决策执行后，企业需要对决策效果进行监控和评估。通过收集和分析相关数据，了解决策方案的执行情况和效果，及时发现问题并进行调整。同时，还可以通过评估结果，总结经验教训，为未来的决策提供参考。

（二）个性化营销

1. 个性化营销的概念和意义

（1）概念

个性化营销是指根据用户的个性特征、需求和行为，为用户提供个性化的产品、服务和营销信息，以满足用户的个性化需求，提高用户的满意度和忠诚度。

（2）意义

提高用户满意度和忠诚度：个性化营销可以根据用户的需求和偏好，为用户提供个性化的产品和服务，满足用户的个性化需求，从而提高用户的满意度和忠诚度。

提高营销效果和转化率：个性化营销可以将营销信息精准地推送给目标用户，提高营销信息的针对性和有效性，从而提高营销效果和转化率。

增强企业竞争力：在竞争激烈的市场环境中，个性化营销可以帮助企业更好地满足用户需求，提高用户满意度和忠诚度，从而增强企业的竞争力。

2. 实现个性化营销的关键技术

（1）用户画像技术

用户画像技术是个性化营销的基础，它通过收集和分析用户的基本信息、行为数据、兴趣爱好等多维度数据，构建用户的画像模型，为个性化营销提供依据。

（2）推荐系统技术

推荐系统技术是个性化营销的核心，分析用户的历史行为数据和兴趣爱好，为用户推荐个性化的产品和服务。推荐系统技术可以分为基于内容的推荐、协同过滤推荐和混合推荐等多种类型。

（3）实时营销技术

实时营销技术是个性化营销的关键，它可以根据用户的实时行为和情境，为用户提供个性化的营销信息。实时营销技术需要依靠大数据处理技术和实时数据分析技术，实现对用户行为的实时监测和分析。

3. 个性化营销的实施步骤

（1）确定目标用户群体

企业需要根据自身的产品和服务特点，确定目标用户群体。可以通过市场调研、数据分析等方式，了解目标用户群体的基本特征、需求和行为习惯。

（2）构建用户画像

通过收集和分析用户的基本信息、行为数据、兴趣爱好等多维度数据，构建用户的画像模型。用户画像应该具有准确性、完整性和时效性，以便为个性化营销提供准确的依据。

（3）制定个性化营销策略

根据用户画像和目标用户群体的需求，制定个性化的营销策略。个性化营销策略可以包括个性化的产品推荐、促销活动、广告投放等。

（4）实施个性化营销方案

根据制定的个性化营销策略，实施个性化营销方案。在实施过程中，需要不断地收集和分析用户的反馈信息，对个性化营销方案进行优化和调整。

（三）全渠道营销

1. 全渠道营销的概念和特点

（1）概念

全渠道营销是指企业通过整合线上和线下各种渠道，为用户提供无缝的购物体验和营销服务。全渠道营销可以包括电子商务平台、实体店、社交媒体、移动应用等多种渠道。

（2）特点

多渠道整合：全渠道营销需要整合线上和线下各种渠道，实现渠道之间的无缝对接和协同。用户可以在不同的渠道之间自由切换，享受一致的购物体验和营销服务。

用户体验至上：全渠道营销以用户体验为核心，注重为用户提供个性化、便捷、高效的购物体验和营销服务。企业需要通过不断地优化渠道布局和服务流程，提高用户的满意度和忠诚度。

数据驱动：全渠道营销需要依靠大数据分析技术，实现对用户行为和需求的精准洞察。企业可以通过收集和分析用户在不同渠道的行为数据，了解用户的需求和偏好，为个性化营销提供依据。

2. 实现全渠道营销的关键策略

(1) 渠道整合策略

企业需要整合线上和线下各种渠道，实现渠道之间的无缝对接和协同。可以通过建立统一的客户关系管理系统、实现库存共享、优化物流配送等方式，提高渠道整合的效率和效果。

(2) 个性化服务策略

全渠道营销需要注重为用户提供个性化的服务。企业可以通过用户画像技术，了解用户的需求和偏好，为用户提供个性化的产品推荐、促销活动和客户服务。

(3) 数据驱动策略

全渠道营销需要依靠大数据分析技术，实现对用户行为和需求的精准洞察。企业可以通过收集和分析用户在不同渠道的行为数据，了解用户的需求和偏好，为个性化营销提供依据。同时，还可以通过数据分析，优化渠道布局和服务流程，提高营销效果和用户体验。

3. 全渠道营销的实施步骤

(1) 确定全渠道营销目标

企业需要根据自身的发展战略和市场需求，确定全渠道营销的目标。全渠道营销目标可以包括提高销售额、提高用户满意度、增强品牌影响力等。

(2) 分析用户需求和行为

企业需要通过市场调研、数据分析等方式，了解用户的需求和行为习惯。可以分析用户在不同渠道的购物行为、偏好和需求，为全渠道营销提供依据。

(3) 整合渠道资源

企业需要整合线上和线下各种渠道资源，实现渠道之间的无缝对接和协同。可以通过建立统一的客户关系管理系统、实现库存共享、优化物流配送等方式，提高渠道整合的效率和效果。

(4) 制定全渠道营销策略

根据用户需求和行为分析结果，制定全渠道营销策略。全渠道营销策略可以包括个性化的产品推荐、促销活动、广告投放等。同时，还需要注重渠道之间的协同和整合，提高营销效果和用户体验。

（5）实施全渠道营销方案

根据制定的全渠道营销策略，实施全渠道营销方案。在实施过程中，需要不断地收集和分析用户的反馈信息，对全渠道营销方案进行优化和调整。

（四）内容营销

1. 内容营销的概念和价值

（1）概念

内容营销是指企业通过创造和传播有价值的内容，吸引用户的关注和兴趣，从而实现营销目标的一种营销方式。内容营销可以包括文章、图片、视频、音频等多种形式。

（2）价值

提高用户关注度和兴趣：有价值的内容可以吸引用户的关注和兴趣，提高用户对企业的关注度和好感度。用户会更愿意花时间阅读、观看和分享有价值的内容，从而扩大企业的品牌影响力。

建立用户信任和忠诚度：通过提供有价值的内容，企业可以向用户展示自己的专业知识和实力，建立用户对企业的信任和忠诚度。用户会更愿意选择信任的企业购买产品和服务。

提高营销效果和转化率：内容营销可以将营销信息融入有价值的内容中，避免了传统广告的生硬和反感。用户在阅读、观看和分享有价值的内容的同时，也会接受企业的营销信息，从而提高营销效果和转化率。

2. 实现内容营销的关键要素

（1）优质的内容

优质的内容是内容营销的核心。内容应该具有价值性、趣味性、可读性和分享性，能够吸引用户的关注和兴趣。同时，内容还应该与企业的品牌形象和营销目标相符合。

（2）明确的目标受众

企业需要明确自己的目标受众，了解他们的需求、兴趣和行为习惯。只有针对目标受众创造的内容，才能真正吸引他们的关注和兴趣，实现营销目标。

（3）合适的传播渠道

企业需要选择合适的传播渠道，将优质的内容传播给目标受众。传播渠道可以包括社交媒体、博客、论坛、电子邮件等多种形式。企业需要根据目标受众的特点和行为习惯，选择最合适的传播渠道。

（4）数据分析和优化

企业需要通过数据分析，了解内容营销的效果和用户反馈。根据数据分析结果，对内容进行优化和调整，提高内容的质量和效果。同时，还可以通过数据分析，了解用户的需求和行为习惯，为后续的内容创作提供依据。

3. 内容营销的实施步骤

（1）确定内容营销目标

企业需要根据自身的发展战略和市场需求，确定内容营销的目标。内容营销目标可以包括提高品牌知名度、增加用户关注度、提高用户转化率等。

（2）分析目标受众

企业需要通过市场调研、数据分析等方式，了解目标受众的需求、兴趣和行为习惯。可以分析目标受众的年龄、性别、职业、兴趣爱好等特征，为内容创作提供依据。

（3）制定内容策略

根据内容营销目标和目标受众分析结果，制定内容策略。内容策略可以包括内容主题、内容形式、内容发布频率等。同时，还需要确定内容的创作团队和审核机制，确保内容的质量和效果。

（4）创作优质内容

根据内容策略，创作优质的内容。内容应该具有价值性、趣味性、可读性和分享性，能够吸引用户的关注和兴趣。同时，内容还应该与企业的品牌形象和营销目标相符合。

（5）选择合适的传播渠道

企业需要选择合适的传播渠道，将优质的内容传播给目标受众。传播渠道可以包括社交媒体、博客、论坛、电子邮件等多种形式。企业需要根据目标受众的特点和行为习惯，选择最合适的传播渠道。

（6）数据分析和优化

企业需要通过数据分析，了解内容营销的效果和用户反馈。根据数据分析结果，对内容进行优化和调整，提高内容的质量和效果。同时，还可以通过数据分析，了解用户的需求和行为习惯，为后续的内容创作提供依据。

第四节 大数据对供应链管理的优化作用

一、大数据在供应链管理中的应用

(一) 需求预测

1. 传统需求预测的局限性

传统的需求预测方法主要依赖历史销售数据和经验判断，存在一定的局限性。首先，历史销售数据可能无法准确反映未来的市场变化，特别是在市场环境快速变化或出现突发事件时。其次，经验判断往往具有主观性，容易受到个人认知偏差的影响。此外，传统方法难以整合多源数据，无法充分考虑市场趋势、竞争对手动态、消费者行为变化等因素对需求的影响。

2. 大数据在需求预测中的优势

(1) 多源数据整合

大数据技术可以整合来自不同渠道的多源数据，包括销售数据、市场调研数据、社交媒体数据、天气数据、经济指标等。通过对这些数据的综合分析，企业可以更全面地了解市场需求的影响因素，提高需求预测的准确性。

(2) 实时数据分析

大数据能够实现对数据的实时采集和分析，使企业能够及时捕捉市场变化和消费者行为的动态变化。例如，通过实时监测社交媒体上的消费者讨论和趋势，企业可以提前感知市场需求的变化，及时调整生产和库存计划。

(3) 高级分析算法

大数据分析技术包括机器学习、深度学习等高级算法，可以自动发现数据中的模式和趋势，提高需求预测的精度。这些算法可以处理大规模的数据，并能够适应复杂的市场环境和数据模式，为企业提供更准确的需求预测结果。

(二) 库存管理

1. 库存管理的挑战

(1) 库存成本控制

过高的库存水平会占用大量资金，增加仓储成本和风险；而过低的库存水平则可能导致缺货，影响客户满意度和销售业绩。企业需要在库存成本和客户服务水平之间找到平衡，这是库存管理的一大挑战。

（2）需求不确定性

市场需求的不确定性是库存管理的另一个难题。由于市场变化、消费者行为变化和突发事件等因素的影响，企业很难准确预测未来的需求，这使得库存管理变得更加复杂。

（3）库存周转率提升

提高库存周转率是企业降低库存成本、提高资金利用效率的关键。然而，要实现高库存周转率，企业需要准确掌握库存水平、销售速度和补货周期等信息，并进行有效的库存管理和控制。

2. 大数据在库存管理中的应用

（1）库存水平优化

大数据分析可以实时监测库存水平、销售速度和补货周期等关键指标，帮助企业确定最佳的库存水平。通过对历史销售数据和需求预测的分析，企业可以制定合理的库存策略，避免库存积压和缺货的情况。

（2）需求驱动的库存管理

大数据可以实现需求驱动的库存管理，即根据实时的市场需求动态调整库存水平。例如，通过分析销售数据和客户订单，企业可以及时了解市场需求的变化，提前进行补货和库存调整，提高库存管理的响应速度和准确性。

（3）库存风险预警

大数据可以对库存风险进行预警，帮助企业及时发现潜在的库存问题。例如，通过分析库存周转率、滞销商品比例和库存成本等指标，企业可以提前预警库存积压和缺货的风险，并采取相应的措施进行调整。

（三）物流配送

1. 物流配送的挑战

（1）运输成本控制

物流配送过程中的运输成本是企业供应链成本的重要组成部分。如何优化运输路线、提高车辆利用率和降低运输成本是物流配送管理的一大挑战。

（2）配送时效性

客户对物流配送的时效性要求越来越高，企业需要在保证配送质量的前提下，尽可能缩短配送时间。然而，交通拥堵、天气变化和突发事件等因素会影响配送的时效性，给物流配送管理带来很大的困难。

（3）物流信息透明度

物流配送过程中的信息不透明是企业和客户共同面临的问题。企业难以实时掌握货物的运输状态和位置，客户也无法准确了解货物的送达时间。这不仅影响了客户体验，也增加了企业的管理难度。

2. 大数据在物流配送中的应用

（1）运输路线优化

大数据分析可以整合交通数据、地理信息和货物运输需求等信息，为企业提供最优的运输路线规划。通过优化运输路线，企业可以降低运输成本、缩短配送时间，提高物流配送的效率和效益。

（2）实时物流跟踪

大数据可以实现对货物运输状态的实时跟踪和监控，提高物流信息的透明度。企业和客户可以通过手机 App、网页等渠道实时查询货物的位置和运输状态，及时了解配送进度，提高客户满意度。

（3）配送资源调度

大数据可以根据货物运输需求和配送资源的实时状态，进行智能调度和分配。例如，通过分析车辆的位置、载重量和行驶速度等信息，企业可以合理安排配送任务，提高车辆利用率和配送效率。

（四）供应商协同

1. 供应商协同的挑战

（1）信息不对称

供应链中的企业与供应商之间往往存在信息不对称的问题，导致双方在需求预测、生产计划和库存管理等方面难以实现有效的协同。企业难以准确了解供应商的生产能力和库存水平，供应商也难以掌握企业的实际需求和市场变化。

（2）沟通协调困难

由于供应链中的企业和供应商数量众多，分布广泛，沟通协调起来比较困难。传统的沟通方式效率低下，容易出现信息传递不及时、不准确的问题，影响供应商协同的效果。

（3）利益冲突

企业与供应商之间可能存在利益冲突，如价格谈判、交货期协商等。这些利益冲突如果不能得到妥善解决，会影响双方的合作关系，进而影响供应链的稳定性和效率。

2. 大数据在供应商协同中的应用

（1）数据共享与协同决策

大数据可以实现企业与供应商之间的数据共享，使双方能够实时了解彼此的生产计划、库存水平和需求变化等信息。通过数据共享，企业和供应商可以进行协同决策，共同制定生产计划、库存策略和配送方案，提高供应链的协同效率和响应速度。

（2）供应商绩效评估

大数据分析可以对供应商的绩效进行全面评估，包括交货准时率、产品质量、服务水平等指标。通过对供应商绩效的评估，企业可以及时发现问题并采取措施进行改进，提高供应商的管理水平和服务质量。

（3）风险预警与应对

大数据可以对供应链中的风险进行预警，帮助企业和供应商及时发现潜在的风险因素，并采取相应的措施进行应对。例如，通过分析供应商的财务状况、生产能力和市场变化等信息，企业可以提前预警供应商的破产风险、交货延迟风险等，并采取相应的措施进行调整。

二、大数据对供应链管理的优势

（一）提高决策的准确性和科学性

1. 传统供应链决策的局限性

在传统的供应链管理中，决策往往基于有限的历史数据和经验判断，这种决策方式存在以下局限性。

（1）数据不全面：传统方法通常只能依赖企业内部的部分数据，如销售数据、库存数据等，而对于市场趋势、竞争对手动态、客户需求变化等外部数据的获取和分析能力有限。

（2）主观性强：经验判断往往受到个人认知和偏见的影响，缺乏客观性和科学性。不同的决策者可能会做出不同的决策，导致决策的不一致性。

（3）反应滞后：传统决策方式通常是周期性的，难以实时响应市场变化。当市场环境发生快速变化时，企业可能无法及时调整供应链策略，从而错失机会或面临风险。

2. 大数据提升决策准确性和科学性的途径

（1）多源数据整合

大数据技术可以整合来自不同渠道的多源数据，包括企业内部数据（如销售数据、库存数据、生产数据等）、外部数据（如市场调研数据、社交媒体数据、行业报告数据等）以及物联网数据（如设备传感器数据、物流跟踪数据等）。通过对这些数据的综合分析，企业可以获得更全面、准确的信息，为决策提供更坚实的基础。

（2）实时数据分析

大数据能够实现对数据的实时采集和分析，使企业能够及时了解市场动态和供应链运行情况。例如，通过实时监测销售数据和库存水平，企业可以快速调整生产计划和采购策略，以满足市场需求；通过实时跟踪物流信息，企业可以及时发现运输延误等问题，并采取相应的措施进行调整。

（3）高级分析算法

大数据分析技术包括机器学习、深度学习、数据挖掘等高级算法，可以自动发现数据中的模式和趋势，为决策提供更深入的洞察。例如，通过机器学习算法对销售数据进行分析，企业可以预测未来的市场需求，从而制定更合理的生产计划和库存策略；通过数据挖掘技术对供应商数据进行分析，企业可以发现优质供应商，提高采购效率和质量。

（二）优化资源配置

1. 供应链资源配置的挑战

在供应链管理中，资源配置是一个关键问题。企业需要合理分配资金、人力、物力等资源，以实现供应链的高效运行。然而，传统的资源配置方式存在以下挑战。

（1）信息不透明：企业往往难以准确了解供应链各个环节的资源需求和使用情况，导致资源分配不合理。例如，可能会出现某些环节资源过剩，而另一些环节资源短缺的情况。

（2）缺乏动态调整：传统的资源配置通常是基于固定的计划和预算，难以根据市场变化和供应链实际运行情况进行动态调整。当市场需求发生变化或出现突发事件时，企业可能无法及时调整资源配置，从而影响供应链的正常运行。

（3）效率低下：传统的资源配置方式主要依靠人工经验和简单的统计分析，决策过程烦琐，效率低下。而且，由于缺乏准确的数据分析支持，资源配置的效果往往不尽如人意。

2. 大数据优化资源配置的方法

（1）库存优化

大数据分析可以实时监测库存水平、销售速度、补货周期等关键指标，帮助企业确定最佳的库存水平。通过对历史销售数据和需求预测的分析，企业可以制定合理的库存策略，避免库存积压和缺货的情况。例如，企业可以根据大数据分析结果，对畅销商品增加库存，对滞销商品减少库存，提高库存周转率和资金利用效率。

（2）物流资源优化

大数据可以整合物流过程中的各种数据，包括运输路线、车辆位置、货物状态等，实现物流资源的优化配置。通过对物流数据的分析，企业可以优化运输路线，提高车辆利用率，降低物流成本。例如，企业可以利用大数据分析技术，根据交通状况、货物重量和体积等因素，为运输车辆规划最优的行驶路线，减少运输时间和成本。

（3）人力资源优化

大数据可以分析供应链各个环节的工作负荷和人员需求，帮助企业合理安排人力资源。通过对历史数据的分析，企业可以预测不同时间段的工作量，提前安排人员加班或招聘临时工，确保供应链的正常运行。例如，在销售旺季，企业可以根据大数据分析结果，增加仓库工作人员和物流配送人员，提高供应链的响应速度。

（三）提升供应链的透明度和可追溯性

1. 供应链透明度和可追溯性的重要性

（1）增强信任

提高供应链的透明度可以让企业的合作伙伴和客户更好地了解供应链的运作情况，增强彼此之间的信任。在当今全球化的商业环境中，信任是建立长期合作关系的基础。如果企业能够向合作伙伴和客户展示其供应链的透明度，将有助于提高合作的稳定性和可持续性。

（2）降低风险

供应链的可追溯性可以帮助企业快速定位和解决问题，降低风险。例如，在产品质量出现问题时，企业可以通过可追溯性系统迅速确定问题产品的来源和流向，及时采取召回措施，减少损失。同时，可追溯性还可以帮助企业防范供应链中的欺诈和非法行为，保护企业的利益。

（3）满足法规要求

越来越多的国家和地区出台了关于供应链透明度和可追溯性的法规要求。例如，欧盟的《通用数据保护条例》（GDPR）要求企业对个人数据的处理具有透明度；美国的《食品安全现代化法案》（FSMA）要求食品企业建立可追溯性系统。企业必须满足这些法规要求，否则将面临法律风险。

2. 大数据提升供应链透明度和可追溯性的方式

（1）数据可视化

大数据可以将供应链中的各种数据以可视化的方式呈现出来，使企业管理层和相关人员能够直观地了解供应链的运行情况。通过数据可视化工具，企业可以实时监测库存水平、物流状态、生产进度等关键指标，及时发现问题并采取措施进行调整。例如，企业可以利用仪表盘和报表等工具，展示供应链各个环节的关键数据，帮助管理层做出及时、准确的决策。

（2）全程追溯

大数据可以实现供应链的全程追溯，从原材料采购到产品销售，每一个环节的数据都可以被记录和跟踪。通过建立可追溯性系统，企业可以快速定位问题产品的来源和流向，及时采取召回措施，减少损失。同时，可追溯性系统还可以帮助企业优化供应链流程，提高供应链的效率和质量。例如，企业可以利用区块链技术，建立去中心化的可追溯性系统，确保数据的真实性和安全性。

（3）信息共享

大数据可以促进供应链各环节之间的信息共享，提高供应链的透明度。通过建立信息共享平台，企业可以与供应商、客户、物流服务商等合作伙伴实时共享数据，实现协同决策。例如，企业可以与供应商共享库存数据和生产计划，以便供应商能够及时调整生产和配送计划，提高供应链的响应速度。

（四）增强供应链的灵活性和适应性

1. 供应链灵活性和适应性的挑战

（1）市场变化快速

在当今全球化和数字化的时代，市场变化非常快速。消费者需求不断变化，新产品层出不穷，竞争对手不断涌现。企业的供应链必须能够快速响应市场变化，调整生产计划、采购策略和物流配送方案，以满足客户的需求。

（2）突发事件频繁

供应链中经常会遇到各种突发事件，如自然灾害、政治动荡、贸易摩擦等。这些突发事件会对供应链的正常运行造成严重影响，企业必须能够迅速做出反应，采取有效的应对措施，降低损失。

（3）供应链复杂性增加

随着全球化的发展，企业的供应链越来越复杂。供应链涉及多个国家和地区，包括供应商、制造商、分销商、零售商等多个环节。供应链的复杂性增加了管理的难度，也降低了供应链的灵活性和适应性。

2. 大数据增强供应链灵活性和适应性的方法

（1）需求预测和预警

大数据分析可以帮助企业更准确地预测市场需求的变化，并提前发出预警。通过对历史销售数据、市场趋势数据、社交媒体数据等的分析，企业可以及时了解消费者需求的变化趋势，提前调整生产计划和库存水平。同时，大数据还可以对可能出现的突发事件进行预警，如自然灾害、政治动荡等，帮助企业提前做好应对准备。

（2）敏捷供应链管理

大数据可以支持敏捷供应链管理，使企业能够快速响应市场变化和突发事件。通过实时监测供应链各个环节的数据，企业可以及时调整生产计划、采购策略和物流配送方案，提高供应链的灵活性和适应性。例如，企业可以利用大数据分析技术，根据市场需求的变化，快速调整产品设计和生产工艺，满足客户的个性化需求。

（3）供应链协同

大数据可以促进供应链各环节之间的协同合作，提高供应链的整体效率和灵活性。通过建立信息共享平台，企业可以与供应商、客户、物流服务商等合作伙伴实时共享数据，实现协同决策。例如，企业可以与供应商协同制定生产计划和库存策略，根据市场需求的变化及时调整供应，提高供应链的响应速度。

第四章　智能物流的创新与发展

第一节　无人机、无人车等智能配送工具的现状与前景

一、智能配送工具的现状

（一）无人机配送

1. 技术发展

（1）飞行控制技术：当前，无人机的飞行控制技术取得了显著进步。先进的飞控系统能够实现精准的定位、导航和自主飞行，确保无人机在复杂的环境中稳定飞行。例如，通过 GPS、北斗等卫星导航系统以及惯性导航系统的结合，无人机可以准确地到达指定的配送地点。

（2）避障技术：为了应对飞行过程中的各种障碍物，无人机配备了多种避障技术，如激光雷达、视觉传感器等。这些传感器能够实时感知周围环境，帮助无人机避开建筑物、树木、电线杆等障碍物，保障飞行安全。

（3）通信技术：可靠的通信技术是无人机配送的关键。目前，5G 通信技术的应用为无人机提供了高速、低延迟的通信网络，使得无人机与控制中心之间能够实时传输数据，包括飞行状态、位置信息、货物信息等，实现对无人机的远程监控和管理。

2. 应用场景

（1）偏远地区配送：在偏远山区、海岛等交通不便的地区，传统的物流

配送方式成本高、效率低，无人机配送具有独特的优势。例如，中国邮政在巫山地区利用货运无人机将脆李从果园快速转运至机场，大大提高了农产品的运输效率。

（2）紧急救援物资配送：在发生自然灾害、突发事件等紧急情况下，地面交通往往受到破坏，无人机可以快速穿越障碍，将救援物资及时送达受灾地区，为救援工作提供有力支持。比如在一些地震、洪水等灾害现场，无人机已经被用于运送药品、食品、饮用水等紧急物资。

（3）城市即时配送：在城市中，无人机可以作为地面配送的补充，满足消费者对快速配送的需求。一些电商平台和物流企业已经开始尝试在城市中开展无人机即时配送服务，如餐饮外卖、生鲜食品等的配送。

3. 市场参与者

（1）物流企业：顺丰、京东、邮政等大型物流企业纷纷布局无人机配送业务。顺丰早在 2018 年就拿到了首张无人机航空运营许可证，并在大湾区实现了大规模常态化运营。京东也建立了自己的无人机研发团队，不断探索无人机在物流配送中的应用。

（2）电商平台：阿里巴巴、美团等电商平台也积极参与无人机配送的研发和应用。美团在一些城市试点了无人机外卖配送服务，为用户提供更加便捷的餐饮配送体验。

（3）无人机制造商：除了物流企业和电商平台，一些专业的无人机制造商也在不断推出适用于配送场景的无人机产品。例如，大疆创新、亿航智能等公司，其无人机产品在性能、载重、续航等方面不断提升，为无人机配送的发展提供了有力的支持。

（二）无人车配送

1. 技术发展

（1）自动驾驶技术：无人车的核心技术是自动驾驶技术，目前已经取得了长足的发展。通过激光雷达、摄像头、毫米波雷达等传感器的融合，无人车可以实现对周围环境的感知和识别，包括道路、行人、车辆、交通标志等。同时，先进的算法和人工智能技术能够对感知到的信息进行分析和处理，做出合理的决策，实现自主驾驶。

（2）智能导航技术：无人车配备了高精度的地图和智能导航系统，能够根据目的地自动规划最优的行驶路线。在行驶过程中，还可以实时监测交通状况，及时调整路线，避免拥堵，提高配送效率。

（3）人机交互技术：为了方便用户使用，无人车具备良好的人机交互功能。用户可以通过手机 App 等方式与无人车进行交互，查询车辆位置、配送进度等信息，还可以对配送服务进行评价和反馈。

2. 应用场景

（1）园区配送：在工业园区、科技园区、大学校园等相对封闭的区域，无人车配送具有广阔的应用前景。这些区域内道路状况相对简单，交通流量较小，无人车可以安全、高效地进行配送服务。例如，一些高校已经开始使用无人车为学生配送快递、外卖等。

（2）社区配送：在城市社区中，无人车可以为居民提供最后一公里的配送服务。居民可以在社区内的指定地点取货，避免了快递员上门配送带来的安全隐患和隐私问题。同时，无人车还可以与社区的智能快递柜等设施相结合，实现更加便捷的配送服务。

（3）商业中心配送：在大型商业中心、购物中心等场所，无人车可以为商家提供货物配送服务，减少人工搬运的成本和劳动强度。例如，一些商场已经开始使用无人车为店铺配送商品，提高了配送效率和服务质量。

3. 市场参与者

（1）科技公司：百度、谷歌、特斯拉等科技公司在自动驾驶技术方面具有深厚的技术积累，它们积极研发无人车配送技术，并在一些城市进行测试和试点。例如，百度的 Apollo 无人车项目已经取得了显著的成果，其无人车在多个城市的道路上进行了测试和运营。

（2）汽车制造商：传统的汽车制造商也纷纷加入无人车配送的行列中，如通用、福特、沃尔沃等。这些汽车制造商利用自己在汽车制造方面的优势，结合自动驾驶技术，推出了一系列无人车配送产品。

（3）物流企业：物流企业是无人车配送的主要应用者和推动者。京东、菜鸟、苏宁等物流企业已经投入大量资金研发和应用无人车配送技术，通过与科技公司、汽车制造商的合作，不断提升无人车的性能和配送效率。

二、智能配送工具的前景

（一）无人机配送

1. 市场规模增长

（1）物流行业需求推动：随着电商行业的持续发展和消费者对快速配送需求的不断增加，物流行业面临着巨大的压力。无人机配送作为一种高效、快捷的配送方式，能够有效缓解物流压力，提高配送效率。中金公司预测，到 2030 年，无人机物流市场的规模有望突破 2000 亿元人民币。

（2）应用领域拓展：除了现有的快递、外卖、生鲜等领域，无人机配送未来还将拓展到更多的应用领域，如医药配送、文件传递、小型货物运输等。特别是在医药配送领域，无人机可以快速将急需的药品送达患者手中，对于偏远地区的医疗救助具有重要意义。

2. 技术创新升级

（1）续航能力提升：目前，无人机的续航能力是制约其发展的一个重要因素。未来，随着电池技术的不断进步，无人机的续航能力将得到大幅提升，能够满足更长距离的配送需求。同时，太阳能、氢燃料电池等新型能源技术也将应用于无人机，进一步提高无人机的续航能力和环保性能。

（2）载重能力增强：为了满足不同货物的配送需求，无人机的载重能力也需要不断提高。未来，通过材料科学的发展和结构设计的优化，无人机的载重能力将不断增强，能够配送更重、更大体积的货物。

（3）智能化水平提高：人工智能技术的不断发展将使无人机的智能化水平进一步提高。无人机将能够更加智能地识别和处理各种复杂情况，如恶劣天气、突发故障等，提高飞行的安全性和可靠性。同时，无人机还将与物流信息系统更加紧密地结合，实现智能化的配送管理和调度。

3. 政策法规完善

（1）空域管理：随着无人机配送的发展，空域管理将成为一个重要的问题。政府部门将制定更加完善的空域管理法规，明确无人机的飞行区域、高度、速度等限制，保障无人机的飞行安全。同时，建立无人机的空中交通管理系统，对无人机的飞行进行实时监控和管理，防止无人机之间的碰撞和干扰。

（2）行业标准制定：为了规范无人机配送市场，政府和行业协会将制定一系列的行业标准，包括无人机的技术标准、安全标准、配送服务标准等。这些标准的制定将有助于提高无人机配送的质量和安全性，促进无人机配送行业的健康发展。

（3）法律责任界定：在无人机配送过程中，如果发生事故或纠纷，需要明确相关的法律责任。政府部门将完善相关的法律法规，界定无人机配送企业、用户、监管部门等各方的法律责任，保障消费者的合法权益。

（二）无人车配送

1. 商业化应用加速

（1）成本降低：随着自动驾驶技术的不断成熟和零部件的国产化替代，无人车的成本将逐渐降低。目前，部分无人配送车的售价已经降至 9 万元左右，未来还有进一步下降的空间。成本的降低将使得无人车配送在商业上更加可行，吸引更多的企业投入无人车配送领域。

（2）运营模式创新：无人车配送的运营模式将不断创新。除了传统的物流企业自行运营外，还将出现第三方运营平台、共享无人车等多种运营模式。第三方运营平台可以整合多家物流企业的配送需求，提高无人车的利用率；共享无人车则可以为用户提供更加灵活、便捷的配送服务，用户可以根据自己的需求随时租用无人车进行货物配送。

2. 与其他技术融合发展

（1）与物联网融合：无人车将与物联网技术深度融合，实现车辆与货物、车辆与物流信息系统、车辆与用户之间的互联互通。通过物联网技术，无人车可以实时获取货物的信息、用户的需求等，实现更加精准的配送服务。同时，无人车还可以将自身的状态信息上传至物流信息系统，方便企业进行管理和调度。

（2）与人工智能融合：人工智能技术将在无人车配送中发挥更加重要的作用。除了自动驾驶技术外，人工智能还可以用于货物的识别、分类、装卸等环节，提高配送效率和准确性。例如，通过机器视觉技术，无人车可以自动识别货物的种类和数量，实现快速装卸和配送。

3. 对物流行业的影响

（1）改变物流格局：无人车配送的发展将改变传统的物流格局。传统的物流配送模式主要依赖人工驾驶的车辆，而无人车配送可以实现全天候、无间断的配送服务，提高物流配送的效率和可靠性。这将促使物流企业加快转型升级，加强对无人车配送技术的研发和应用，提升自身的竞争力。

（2）推动物流智能化：无人车配送是物流智能化的重要体现，它将推动物流行业向智能化方向发展。物流企业将通过大数据、云计算、人工智能等技术，实现对物流配送过程的全面监控和管理，优化配送路线，提高配送效率，降低物流成本。同时，无人车配送还将促进物流信息的共享和流通，提高物流行业的协同效应。

第二节 物流路径优化与实时跟踪系统

一、物流路径优化的重要性

（一）降低运输成本

1. 减少里程数

通过优化物流路径，可以选择最短、最经济的运输路线，从而减少车辆的行驶里程数。这不仅可以降低燃油消耗，还能减少车辆的磨损和维护成本。例如，一家物流公司在未进行路径优化前，车辆每天行驶的总里程数为1000公里，经过路径优化后，里程数减少到800公里，按照每公里燃油成本2元计算，每天可节省燃油成本400元。

2. 提高车辆利用率

合理的物流路径规划可以使车辆在一次运输任务中尽可能多地装载货物，提高车辆的利用率。例如，通过对货物的重量、体积和目的地进行分析，将多个目的地相近的货物进行合并运输，避免车辆空载或半载行驶。这样可以降低单位货物的运输成本，提高物流公司的经济效益。

3. 降低人力成本

优化后的物流路径可以减少运输时间，从而降低司机的工作时间和劳动强度。这不仅可以提高司机的工作满意度，还能减少人力成本。例如，一家物流公司在优化路径前，司机每天工作10小时，优化后工作时间减少到8小时，按照每小时司机工资 50 元计算，每天可节省人力成本 100 元。

（二）提高物流效率

1. 缩短运输时间

选择最优的物流路径可以大大缩短货物的运输时间，提高物流效率。对于时效性要求较高的货物，如生鲜食品、医药产品等，缩短运输时间可以确保货物的质量和安全。例如，一家生鲜电商企业在未进行路径优化前，货物从仓库到客户手中的平均运输时间为 24 小时，经过路径优化后，运输时间缩短到 12 小时，大大提高了客户的满意度。

2. 减少配送次数

通过优化物流路径，可以将多个订单合并进行配送，减少配送次数。这不仅可以提高配送效率，还能降低配送成本。例如，一家快递企业在未进行路径优化前，每天需要进行 100 次配送，经过路径优化后，配送次数减少到 80 次，按照每次配送成本 100 元计算，每天可节省配送成本 2000 元。

3. 提高库存周转率

优化的物流路径可以加快货物的流通速度，减少货物在仓库中的停留时间，从而提高库存周转率。对于企业来说，高库存周转率意味着资金的快速回笼和更少的库存积压，有助于提高企业的运营效率和盈利能力。例如，一家制造企业在优化物流路径后，库存周转率从每年 6 次提高到 8 次，按照每次库存周转带来的利润为 10 万元计算，每年可增加利润 20 万元。

（三）提升客户满意度

1. 准时交付

物流路径优化可以确保货物按时到达目的地，提高客户的满意度。对于客户来说，准时交付是衡量物流服务质量的重要指标之一。如果货物不能按时交付，可能会导致客户的生产中断、销售损失等问题，影响客户对物流公司的信任和忠诚度。例如，一家企业客户在与物流公司签订合同时，明确要求货物必须在规定的时间内交付。通过路径优化，物流公司能够按时完成交付任务，赢得了客户的信任和长期合作。

2. 可追溯性

优化的物流路径通常配备实时跟踪系统，客户可以随时了解货物的位置和运输状态，提高货物的可追溯性。这不仅可以让客户更加放心地委托物流公司运输货物，还能在出现问题时及时采取措施进行解决。例如，客户可以通过手机 App 或网页查询货物的实时位置和预计到达时间，一旦发现货物延误或出现异常情况，可以及时与物流公司联系，共同解决问题。

3. 个性化服务

物流路径优化可以根据客户的特殊需求提供个性化的服务。例如，对于一些对温度、湿度等环境条件有严格要求的货物，物流公司可以通过优化路径选择最合适的运输方式和设备，确保货物在运输过程中的质量和安全。同时，物流公司还可以根据客户的时间要求，提供加急配送、定时配送等服务，满足客户的不同需求。

二、物流路径优化的技术实现

（一）GIS（地理信息系统）

1. 功能介绍

GIS（地理信息系统）是一种用于采集、存储、管理、分析和展示地理空间数据的技术系统。在物流路径优化中，GIS 可以提供准确的地理空间信息，包括道路网络、地理位置、地形地貌等。通过 GIS，物流公司可以直观地了解货物的起点、终点以及运输路线上的各种地理因素，为路径优化提供基础数据支持。

2. 路径规划算法

GIS 通常配备多种路径规划算法，如最短路径算法、Dijkstra 算法、A 算法等。这些算法可以根据不同的优化目标，如最短距离、最短时间、最低成本等，计算出最优的物流路径。例如，最短路径算法可以在给定的道路网络中找到从起点到终点的最短距离路径；A 算法则可以在考虑距离和时间等因素的基础上，找到最优的路径。

3. 可视化展示

GIS 可以将物流路径以地图的形式进行可视化展示，方便物流公司的管理人员和司机直观地了解运输路线。同时，GIS 还可以实时显示车辆的位置和运输状态，为物流管理提供实时监控和决策支持。例如，管理人员可以通过 GIS 地图查看车辆的行驶轨迹、速度、停留时间等信息，及时发现问题并进行调整。

（二）大数据分析

1. 数据来源

物流路径优化需要大量的数据支持，这些数据可以来自多个渠道，如物流企业的内部数据（订单信息、车辆信息、库存信息等）、外部数据（交通流量数据、天气数据、地理信息数据等）以及物联网设备（车辆传感器数据、货物跟踪设备数据等）。通过对这些数据的收集、整理和分析，可以为物流路径优化提供更准确的决策依据。

2. 数据分析方法

大数据分析可以采用多种方法，如数据挖掘、机器学习、统计分析等。这些方法可以从海量的数据中提取出有价值的信息，如货物的流量分布、运输时间的预测、交通拥堵的规律等。例如，通过数据挖掘技术可以发现不同地区货物的流量模式，为物流公司合理规划运输路线提供参考；通过机器学习算法可以对历史运输数据进行学习，预测未来的运输时间，帮助物流公司制定更合理的配送计划。

3. 实时决策支持

大数据分析可以实现对物流数据的实时分析和处理，为物流路径优化提供实时决策支持。例如，当交通拥堵或天气变化等突发事件发生时，大数据分析可以及时调整物流路径，避免货物延误。同时，大数据分析还可以根据实时的订单信息和车辆位置，动态地优化物流路径，提高物流效率。

（三）人工智能（AI）

1. 智能路径规划

人工智能技术可以通过深度学习和强化学习等方法，实现智能路径规划。与传统的路径规划算法相比，人工智能算法可以更好地适应复杂的物流环境和动态变化的需求。例如，强化学习算法可以通过不断地试错和学习，找到最优的物流路径。在每次运输任务中，算法会根据车辆的行驶情况和环境变化，调整路径选择策略，以实现最优的运输效果。

2. 预测需求

人工智能可以通过对历史订单数据和市场趋势的分析，预测未来的物流需求。这有助于物流公司提前做好资源配置和路径规划，避免出现货物积压或运力不足的情况。例如，通过机器学习算法对历史订单数据进行分析，可以预测不同地区、不同时间段的货物需求量，为物流公司合理安排车辆和人员提供依据。

3. 优化调度

人工智能可以实现物流车辆的优化调度，提高车辆的利用率和运输效率。例如，通过智能调度系统可以根据车辆的位置、载重量、行驶速度等信息，自动分配运输任务，实现车辆的合理调配。同时，智能调度系统还可以考虑交通拥堵、天气变化等因素，动态地调整车辆的行驶路线和速度，确保货物按时到达目的地。

三、实时跟踪系统的重要性

（一）提高物流透明度

1. 货物位置跟踪

实时跟踪系统可以通过全球定位系统（GPS）、无线射频识别（RFID）等技术，实时跟踪货物的位置。客户和物流公司可以随时了解货物的当前位置和运输状态，提高物流的透明度。例如，客户可以通过手机 App 或网页查询货物的实时位置，了解货物的运输进度，从而更好地安排自己的生产和销售计划。

2. 运输过程监控

实时跟踪系统可以对货物的运输过程进行全面监控，包括车辆的行驶速度、行驶路线、停留时间等。这有助于物流公司及时发现运输过程中的异常情况，如车辆故障、交通拥堵、货物丢失等，并采取相应的措施进行处理。例如，当车辆出现故障时，物流公司可以通过实时跟踪系统及时派遣维修人员进行抢修，确保货物能够按时到达目的地。

3. 信息共享

实时跟踪系统可以实现物流信息的共享，使客户、物流公司、供应商等各方能够及时了解货物的运输情况。这有助于提高各方之间的沟通效率，减少信息不对称带来的问题。例如，供应商可以通过实时跟踪系统了解货物的运输进度，及时做好生产准备；物流公司可以根据客户的需求和反馈，及时调整运输计划，提高服务质量。

（二）增强物流安全性

1．货物安全监控

实时跟踪系统可以通过安装在货物上的传感器，实时监控货物的状态，如温度、湿度、震动等。这有助于确保货物在运输过程中的安全，特别是对于一些对环境条件有严格要求的货物，如生鲜食品、医药产品等。例如，当货物的温度超出规定范围时，传感器会自动发出警报，物流公司可以及时采取措施进行调整，确保货物的质量和安全。

2．车辆安全管理

实时跟踪系统可以对车辆的行驶状态进行监控，如车速、刹车情况、油耗等。这有助于物流公司及时发现车辆的安全隐患，如超速行驶、疲劳驾驶等，并采取相应的措施进行处理。例如，当车辆超速行驶时，系统会自动发出警报，提醒司机减速行驶；当司机出现疲劳驾驶迹象时，系统会自动提醒司机休息，确保车辆的行驶安全。

3．应急响应

实时跟踪系统可以在发生突发事件时，迅速启动应急响应机制，提高物流的安全性。例如，当车辆发生事故时，系统会自动向物流公司和相关部门发送警报，同时提供车辆的位置和事故情况等信息，以便及时进行救援和处理。同时，系统还可以根据事故情况，自动调整物流路径，确保货物能够尽快送达目的地。

（三）提升客户满意度

1．实时信息反馈

实时跟踪系统可以为客户提供实时的物流信息反馈，让客户随时了解货物的运输情况。这有助于提高客户的满意度，增强客户对物流公司的信任和忠诚度。例如，客户可以通过手机 App 或网页查询货物的实时位置和预计到达时间，及时做好收货准备。同时，客户还可以对物流服务进行评价和反馈，帮助物流公司不断改进服务质量。

2．个性化服务

实时跟踪系统可以根据客户的需求，提供个性化的物流服务。例如，客户可以设置特定的通知方式，如短信、邮件、微信等，当货物到达特定地点或发生特定事件时，系统会自动向客户发送通知。同时，客户还可以根据自己的需求，选择不同的运输方式和服务级别，满足自己的个性化需求。

3. 问题解决

实时跟踪系统可以帮助客户及时解决物流过程中出现的问题。例如，当客户发现货物丢失或损坏时，可以通过实时跟踪系统查询货物的运输记录和位置信息，帮助物流公司快速定位问题并采取相应的措施进行解决。同时，客户还可以通过系统与物流公司进行沟通和协商，共同解决问题，提高客户的满意度。

四、实时跟踪系统的技术实现

（一）GPS（全球定位系统）

1. 定位原理

GPS（全球定位系统）是一种基于卫星导航技术的定位系统，它可以通过接收来自卫星的信号，确定物体的位置、速度和时间等信息。在物流实时跟踪系统中，GPS设备通常安装在运输车辆上，通过接收卫星信号，实时获取车辆的位置信息，并将这些信息传输到物流管理中心。

2. 精度和可靠性

GPS的定位精度通常在几米到几十米之间，对于物流跟踪来说已经足够满足需求。同时，GPS系统具有较高的可靠性，不受天气、地形等因素的影响，可以在全球范围内实现连续定位。然而，在一些特殊情况下，如高楼林立的城市地区、隧道、山区等，GPS信号可能会受到干扰，导致定位精度下降或无法定位。为了解决这个问题，可以采用差分GPS（DGPS）技术或与其他定位技术相结合，提高定位的精度和可靠性。

3. 数据传输

GPS设备获取的位置信息需要通过无线通信网络传输到物流管理中心。目前，常用的无线通信方式有GPRS、CDMA、3G、4G等。这些通信方式具有传输速度快、覆盖范围广、稳定性高等优点，可以满足物流实时跟踪系统的数据传输需求。同时，为了确保数据的安全性和可靠性，还可以采用加密技术和数据校验技术，对传输的数据进行加密和校验。

（二）RFID（无线射频识别）

1. 工作原理

RFID（无线射频识别）是一种利用射频信号通过空间耦合（交变磁场或电磁场）实现无接触信息传递并通过所传递的信息达到识别目的的技术。在物流实时跟踪系统中，RFID标签通常粘贴在货物或运输容器上，RFID读写器安装在仓库、配送中心、运输车辆等关键位置。当货物经过读写器时，读写器会自动读取标签上的信息，并将这些信息传输到物流管理中心。

2. 优势和应用场景

RFID技术具有非接触式识别、快速读取、可重复使用、存储容量大等优点，适用于物流领域的货物跟踪、库存管理、分拣配送等环节。例如，在仓库管理中，通过在货物上粘贴RFID标签，可以实现快速的入库、出库和库存盘点，提高仓库管理的效率和准确性；在运输过程中，通过在运输车辆上安装RFID读写器，可以实时跟踪货物的位置和状态，确保货物的安全和及时交付。

3. 与其他技术的结合

RFID技术可以与其他技术相结合，实现更高效的物流实时跟踪。例如，RFID技术可以与GPS技术相结合，实现对货物的精确定位和跟踪；与传感器技术相结合，实现对货物状态的实时监测；与条形码技术相结合，实现对货物的快速识别和分类。

（三）传感器技术

1. 种类和功能

传感器技术是物流实时跟踪系统的重要组成部分，它可以通过安装在货物或运输车辆上的各种传感器，实时监测货物的状态和运输环境。常见的传感器有温度传感器、湿度传感器、压力传感器、震动传感器等。这些传感器可以分别监测货物的温度、湿度、压力、震动等参数，确保货物在运输过程中的质量和安全。

2. 数据采集和传输

传感器采集到的数据需要通过无线通信网络传输到物流管理中心。为了确保数据的准确性和实时性，传感器通常采用低功耗、高精度的设计，并采用无线通信技术进行数据传输。例如，蓝牙、ZigBee、Wi-Fi等无线通信技术可以实现传感器与物流管理中心之间的短距离数据传输；GPRS、CDMA、3G、4G等无线通信技术可以实现传感器与物流管理中心之间的远距离数据传输。

3. 数据分析和处理

物流管理中心接收到传感器采集到的数据后，需要进行分析和处理，以提取有价值的信息。例如，通过对温度传感器采集到的数据进行分析，可以判断货物是否在适宜的温度范围内运输；通过对震动传感器采集到的数据进行分析，可以判断货物在运输过程中是否受到了过度的震动。同时，物流管理中心还可以根据分析结果，采取相应的措施进行处理，如调整运输路线、通知司机注意货物状态等。

第三节　智能仓储系统的高效运作模式

一、智能仓储系统的关键技术

(一) 自动化存储与检索系统 (AS/RS)

1. 货架结构与布局

自动化存储与检索系统（AS/RS）通常采用高层货架结构，以充分利用垂直空间，提高仓储容量。货架的布局可以根据仓库的形状、尺寸和货物的特点进行设计，常见的布局方式有单深度货架、双深度货架和穿梭式货架等。单深度货架适用于存储品种较多、批量较小的货物；双深度货架可以提高存储密度，但存取货物的灵活性相对较低；穿梭式货架则结合了自动化设备和密集存储的优点，适用于存储量大、出入库频繁的货物。

2. 堆垛机与输送设备

堆垛机是AS/RS的核心设备之一，它负责在货架之间进行货物的存储和检索操作。堆垛机通常采用自动化控制技术，能够快速、准确地定位货物的存储位置，并进行存取操作。输送设备则用于将货物从入库口输送到存储位置，或将货物从存储位置输送到出库口。常见的输送设备有输送机、提升机、穿梭车等，它们可以根据不同的货物类型和存储需求进行组合使用。

3. 控制系统与软件

AS/RS的控制系统负责协调堆垛机、输送设备以及其他设备的运行，确保整个系统的高效、稳定运行。控制系统通常采用计算机控制技术，能够实现对设备的实时监控、调度和管理。同时，控制系统还配备了相应的软件，如仓库管理系统（WMS）、设备控制系统（ECS）等，这些软件可以实现对货物的入库、存储、出库等操作的自动化管理，提高仓储管理的效率和准确性。

（二）机器人技术

1. 搬运机器人

搬运机器人是智能仓储系统中常用的一种机器人，它可以代替人工进行货物的搬运和装卸操作。搬运机器人通常采用自主导航技术，能够在仓库内自主行走，并根据任务指令准确地搬运货物。搬运机器人可以根据不同的货物类型和搬运需求进行设计，常见的有叉车式搬运机器人、托盘搬运机器人和箱式搬运机器人等。

2. 分拣机器人

分拣机器人是用于货物分拣操作的机器人，它可以快速、准确地将货物按照不同的订单要求进行分拣和分类。分拣机器人通常采用视觉识别技术和机械手臂技术，能够识别货物的种类、尺寸和颜色等特征，并进行准确的抓取和分拣操作。分拣机器人可以大大提高货物分拣的效率和准确性，减少人工分拣的错误率和劳动强度。

3. 协作机器人

协作机器人是一种可以与人类工人进行协作的机器人，它可以在仓库内与人类工人共同完成一些复杂的操作任务。协作机器人通常采用安全防护技术和人机交互技术，能够确保人类工人的安全，并与人类工人进行有效的沟通和协作。协作机器人可以提高仓库操作的灵活性和效率，同时也可以减少人工操作的风险和劳动强度。

（三）物联网（IoT）技术

1. 传感器与标签

物联网技术在智能仓储系统中主要通过传感器和标签来实现对货物和设

备的实时监测和管理。传感器可以用于监测货物的温度、湿度、压力、震动等参数，以及设备的运行状态、能耗等信息。标签则可以用于识别货物的种类、数量、批次等信息，以及设备的编号、位置等信息。通过传感器和标签的应用，可以实现对货物和设备的实时跟踪和管理，提高仓储管理的效率和准确性。

2. 无线通信技术

无线通信技术是物联网技术在智能仓储系统中的重要组成部分，它可以实现传感器、标签与控制系统之间的数据传输和通信。常见的无线通信技术有 Wi-Fi、蓝牙、ZigBee、LoRa 等，这些技术可以根据不同的应用场景和需求进行选择。无线通信技术可以实现对货物和设备的远程监测和管理，提高仓储管理的灵活性和效率。

3. 数据分析与处理

物联网技术在智能仓储系统中还可以通过数据分析和处理来实现对仓储管理的优化和决策支持。通过对传感器和标签采集到的数据进行分析和处理，可以了解货物的存储状态、设备的运行情况以及仓库的环境参数等信息，从而为仓储管理提供决策支持。例如，可以通过数据分析来预测货物的需求趋势、优化库存管理、提高设备的利用率等。

（四）人工智能（AI）技术

1. 机器学习与深度学习

机器学习和深度学习技术可以用于智能仓储系统中的货物识别、分类、预测等任务。通过对大量的货物图像、数据进行学习和训练，可以建立起准确的货物识别和分类模型，提高货物识别和分类的准确性和效率。同时，机器学习和深度学习技术还可以用于对货物的需求进行预测，为库存管理提供决策支持。例如，可以通过对历史销售数据进行学习和训练，建立起准确的需求预测模型，从而优化库存管理，降低库存成本。

2. 智能决策与优化

人工智能技术可以用于智能仓储系统中的决策和优化任务。通过对仓库的布局、设备的配置、货物的存储和检索策略等进行优化，可以提高仓储系统的效率和性能。例如，可以通过智能算法对仓库的布局进行优化，使得货物的存储和检索更加高效；可以通过智能调度算法对设备的运行进行优化，提高设备的利用率和运行效率。

3. 自然语言处理

自然语言处理技术可以用于智能仓储系统中的人机交互任务。通过对人类语言的理解和处理，可以实现人与系统之间的自然语言交互，提高系统的易用性和用户体验。例如，可以通过语音识别和语音合成技术实现人与系统之间的语音交互，使得操作更加便捷；可以通过自然语言理解技术实现对用户指令的准确理解和执行，提高系统的响应速度和准确性。

二、智能仓储系统的优势

(一) 提高仓储效率

1. 自动化操作

智能仓储系统采用自动化设备和技术，如 AS/RS、机器人等，可以实现货物的自动存储、检索和搬运操作，大大提高了仓储操作的效率。相比传统的人工仓储操作，自动化操作可以减少人工操作的错误率和劳动强度，提高操作的准确性和速度。

2. 快速响应

智能仓储系统可以通过物联网技术和数据分析技术实现对货物和设备的实时监测和管理，能够快速响应客户的需求和市场的变化。例如，当客户下达订单后，系统可以快速地定位货物的存储位置，并进行自动检索和出库操作，大大缩短了订单处理的时间。

3. 优化存储布局

智能仓储系统可以通过人工智能技术和优化算法对仓库的布局进行优化，使得货物的存储和检索更加高效。例如，可以通过智能算法对货架的布局进行优化，使得货物的存储密度更高，存取更加方便；可以通过智能调度算法对设备的运行进行优化，提高设备的利用率和运行效率。

(二) 降低运营成本

1. 减少人力成本

智能仓储系统采用自动化设备和技术，可以减少人工操作的需求，从而降低人力成本。相比传统的人工仓储操作，智能仓储系统可以大大减少仓库工作人员的数量，提高工作效率，降低人力成本。

2. 提高设备利用率

智能仓储系统可以通过物联网技术和数据分析技术实现对设备的实时监测和管理，能够优化设备的运行和调度，提高设备的利用率。例如，可以通过智能调度算法对堆垛机、输送设备等设备的运行进行优化，使得设备的运行更加高效，减少设备的闲置时间，提高设备的利用率。

3. 降低库存成本

智能仓储系统可以通过数据分析技术和需求预测模型实现对库存的优化管理，降低库存成本。例如，可以通过对历史销售数据进行分析和预测，建立起准确的需求预测模型，从而优化库存管理，降低库存水平，减少库存积压和缺货现象，降低库存成本。

（三）提高准确性和可靠性

1. 自动化识别与校验

智能仓储系统采用自动化设备和技术，如传感器、标签、视觉识别等，可以实现对货物的自动识别和校验，提高货物识别和校验的准确性和可靠性。相比传统的人工识别和校验，自动化识别和校验可以减少人为错误的发生，提高操作的准确性和可靠性。

2. 实时监测与预警

智能仓储系统可以通过物联网技术和传感器实现对货物和设备的实时监测和管理，能够及时发现问题并进行预警。例如，可以通过传感器对货物的温度、湿度、压力等参数进行实时监测，当参数超出规定范围时，系统可以及时发出预警，提醒工作人员进行处理，确保货物的质量和安全。

3. 数据备份与恢复

智能仓储系统可以通过数据备份和恢复技术实现对数据的安全管理，提高数据的可靠性。例如，可以定期对系统中的数据进行备份，当系统出现故障时，可以及时进行数据恢复，确保数据的完整性和可用性。

（四）增强灵活性和可扩展性

1. 模块化设计

智能仓储系统通常采用模块化设计，可以根据不同的需求和应用场景进行灵活组合和扩展。例如,可以根据仓库的规模和货物的特点选择不同类型的货架、堆垛机、输送设备等设备进行组合,满足不同的存储和检索需求。

2. 软件定制化

智能仓储系统的软件通常可以进行定制化开发,以满足不同企业的个性化需求。例如,可以根据企业的业务流程和管理要求对仓库管理系统(WMS)进行定制化开发,实现对货物的入库、存储、出库等操作的自动化管理,提高仓储管理的效率和准确性。

3. 易于升级和改造

智能仓储系统采用先进的技术和设备,易于进行升级和改造。例如,可以随着技术的发展和业务的增长,对系统中的设备和软件进行升级和改造,提高系统的性能和功能,满足企业不断发展的需求。

三、智能仓储系统的应用场景

(一) 电子商务仓储

1. 快速订单处理

电子商务行业的特点是订单量大、订单处理时间短,对仓储系统的效率和准确性要求很高。智能仓储系统可以通过自动化设备和技术实现对货物的快速存储、检索和出库操作,大大提高订单处理的效率和准确性。例如,当客户在电子商务平台上下单后,系统可以快速地定位货物的存储位置,并进行自动检索和出库操作,确保货物能够尽快送达客户手中。

2. 库存管理与优化

电子商务企业需要对库存进行有效的管理和优化,以降低库存成本,提高客户满意度。智能仓储系统可以通过数据分析技术和需求预测模型实现对库存的优化管理,降低库存水平,减少库存积压和缺货现象。例如,可以通过对历史销售数据进行分析和预测,建立起准确的需求预测模型,从而优化库存管理,提高库存周转率。

3. 退货处理

电子商务行业的退货率相对较高,对退货处理的效率和准确性要求也很高。智能仓储系统可以通过自动化设备和技术实现对退货的快速处理和分类,提高退货处理的效率和准确性。例如，可以通过机器人对退货进行自动分拣和分类，将可再次销售的货物重新入库，将不可销售的货物进行处理，提高退货处理的效率和准确性。

（二）制造业仓储

1. 原材料存储与配送

制造业企业需要对原材料进行有效的存储和配送，以确保生产的顺利进行。智能仓储系统可以通过自动化设备和技术实现对原材料的快速存储、检索和配送操作，提高原材料管理的效率和准确性。例如，可以通过 AS/RS 对原材料进行自动存储和检索，通过输送设备将原材料配送到生产线上，确保生产的顺利进行。

2. 成品存储与发货

制造业企业需要对成品进行有效的存储和发货，以满足客户的需求。智能仓储系统可以通过自动化设备和技术实现对成品的快速存储、检索和发货操作，提高成品管理的效率和准确性。例如，可以通过机器人对成品进行自动搬运和装卸，通过输送设备将成品配送到发货区，确保成品能够及时发货。

3. 库存管理与优化

制造业企业需要对库存进行有效的管理和优化，以降低库存成本，提高资金利用率。智能仓储系统可以通过数据分析技术和需求预测模型实现对库存的优化管理，降低库存水平，减少库存积压和缺货现象。例如，可以通过对生产计划和销售数据进行分析和预测，建立起准确的需求预测模型，从而优化库存管理，提高库存周转率。

（三）医药仓储

1. 药品存储与管理

医药行业对药品的存储和管理要求非常严格，需要确保药品的质量和安全。智能仓储系统可以通过自动化设备和技术实现对药品的快速存储、检索和管理操作，提高药品管理的效率和准确性。例如，可以通过 AS/RS 对药品进行自动存储和检索，通过温度、湿度传感器对药品的存储环境进行实时监测，确保药品的质量和安全。

2. 库存管理与优化

医药行业需要对药品的库存进行有效的管理和优化，以确保药品的供应和降低库存成本。智能仓储系统可以通过数据分析技术和需求预测模型实现对药品库存的优化管理，降低库存水平，减少库存积压和缺货现象。例如，可以通过对历史销售数据和疾病流行趋势进行分析和预测，建立起准确的需求预测模型，从而优化药品库存管理，提高库存周转率。

3. 冷链管理

医药行业中的一些药品需要在特定的温度范围内进行存储和运输，如疫苗、生物制品等。智能仓储系统可以通过温度传感器、制冷设备等实现对冷链药品的实时监测和管理，确保药品在整个供应链中的质量和安全。例如，可以通过温度传感器对冷链药品的存储环境进行实时监测，当温度超出规定范围时，系统可以及时发出预警，提醒工作人员进行处理。

(四) 第三方物流仓储

1. 多客户管理

第三方物流企业需要为多个客户提供仓储服务，对仓储系统的灵活性和可扩展性要求很高。智能仓储系统可以通过模块化设计和软件定制化实现对多客户的管理，满足不同客户的个性化需求。例如，可以根据不同客户的货物特点和存储需求选择不同类型的货架、堆垛机、输送设备等设备进行组合，为客户提供个性化的仓储服务。

2. 订单整合与配送

第三方物流企业需要对多个客户的订单进行整合和配送，提高配送效率和降低配送成本。智能仓储系统可以通过自动化设备和技术实现对订单的快速整合和配送操作，提高配送效率和降低配送成本。例如，可以通过机器人对订单进行自动分拣和整合，通过输送设备将货物配送到配送车辆上，提高配送效率和降低配送成本。

3. 库存管理与优化

第三方物流企业需要对多个客户的库存进行有效的管理和优化，以降低库存成本，提高客户满意度。智能仓储系统可以通过数据分析技术和需求预测模型实现对多客户库存的优化管理，降低库存水平，减少库存积压和缺货现象。例如，可以通过对多个客户的销售数据进行分析和预测，建立起准确的需求预测模型，从而优化库存管理，提高库存周转率。

第五章　虚拟现实与增强现实购物体验

第一节　VR/AR 技术在电子商务展示中的创新应用

一、VR/AR 技术在电子商务展示中的优势

（一）提升用户体验

1. 沉浸式体验

（1）虚拟购物环境

VR/AR 技术可以创造出逼真的虚拟购物环境，让用户仿佛置身于真实的商店中。用户可以在虚拟环境中自由行走、浏览商品，感受商店的氛围和布局。这种沉浸式的体验能够让用户更加投入地进行购物，提高购物的乐趣和满意度。

（2）个性化体验

通过 VR/AR 技术，电子商务平台可以根据用户的个人喜好和需求，为用户提供个性化的购物体验。例如，用户可以根据自己的身材和肤色，在虚拟环境中试穿服装、试戴首饰等，从而更好地选择适合自己的产品。此外，平台还可以根据用户的浏览历史和购买记录，为用户推荐相关的产品和服务，提高用户的购物效率。

（3）便捷性体验

VR/AR 技术可以让用户在家中就能享受到真实的购物体验，无须亲自前往实体店。用户可以随时随地通过手机、平板电脑等设备进行购物，更加便

捷高效。此外，VR/AR 技术还可以为用户提供虚拟导购服务，帮助用户快速找到自己需要的商品，提高购物的便捷性。

2. 增强现实的辅助购物

（1）产品信息展示

AR 技术可以将产品的信息以虚拟的形式展示在用户的眼前，让用户更加直观地了解产品的特点和优势。例如，用户可以通过手机摄像头扫描产品的二维码或条形码，即可在手机屏幕上看到产品的详细信息、使用方法、用户评价等。这种方式不仅方便快捷，还能让用户更加全面地了解产品，提高购物的决策效率。

（2）虚拟试穿/试用

AR 技术可以让用户在虚拟环境中试穿服装、试戴首饰、试用化妆品等，让用户更加直观地感受产品的效果。这种虚拟试穿/试用的方式可以减少用户的购买风险，提高用户的购买意愿。此外，用户还可以将自己的试穿/试用效果分享到社交媒体上，进行互动营销，增加产品的曝光度和影响力。

（3）室内设计与家居搭配

AR 技术可以让用户在自己的家中进行室内设计和家居搭配，让用户更加直观地感受不同家具和装饰品的效果。用户可以通过手机摄像头扫描自己的房间，然后在手机屏幕上添加不同的家具和装饰品，进行虚拟搭配。这种方式可以帮助用户更好地规划自己的家居空间，提高购物的满意度。

（二）增强产品展示效果

1. 3D 展示

（1）产品外观展示

VR/AR 技术可以实现产品的 3D 展示，让用户更加直观地了解产品的外观和结构。相比于传统的二维图片和文字描述，3D 展示能够更好地展现产品的细节和特点，提高用户的购买意愿。例如，在汽车电商平台上，用户可以通过 VR/AR 技术查看汽车的外观、内饰、配置等信息，还可以进行虚拟试驾，感受汽车的性能和操控性。

（2）产品功能演示

VR/AR 技术可以将产品的功能以动态的形式展示在用户的眼前，让用户更加直观地了解产品的使用方法和效果。例如，在电子产品电商平台上，用户可以通过 VR/AR 技术查看手机、平板电脑等产品的功能演示，了解产品的性能和特点。这种方式可以让用户更加深入地了解产品，提高用户的购买信心。

（3）产品定制展示

VR/AR 技术可以让用户在虚拟环境中进行产品定制，让用户更加直观地了解产品的定制效果。例如，在家具电商平台上，用户可以通过 VR/AR 技术选择不同的家具款式、颜色、材质等，进行虚拟搭配和定制。这种方式可以满足用户的个性化需求，提高用户的购买满意度。

2. **动态展示**

（1）产品动画展示

VR/AR 技术可以将产品的动画以虚拟的形式展示在用户的眼前，让用户更加直观地了解产品的工作原理和使用方法。例如，在机械产品电商平台上，用户可以通过 VR/AR 技术查看机械产品的动画演示，了解产品的工作原理和性能特点。这种方式可以让用户更加深入地了解产品，提高用户的购买信心。

（2）产品视频展示

VR/AR 技术可以将产品的视频以虚拟的形式展示在用户的眼前，让用户更加直观地了解产品的使用场景和效果。例如，在旅游电商平台上，用户可以通过 VR/AR 技术查看旅游景点的视频介绍，了解景点的风景和特色。这种方式可以让用户更加直观地感受旅游产品的魅力，提高用户的购买意愿。

（3）产品互动展示

VR/AR 技术可以实现产品的互动展示，用户可以通过手势、语音等方式与产品进行互动。互动展示能够增加用户的参与感和趣味性，提高用户的购买欲望。例如，在儿童玩具电商平台上，用户可以通过 VR/AR 技术与玩具进行互动，了解玩具的功能和玩法。这种方式可以让用户更加深入地了解产品，提高用户的购买信心。

（三）促进互动营销

1. **虚拟试穿/试用与分享**

（1）社交化营销

VR/AR 技术可以让用户在虚拟环境中试穿服装、试戴首饰、试用化妆品等，然后将自己的试穿/试用效果分享到社交媒体上，进行互动营销。这种方式可以增加产品的曝光度和影响力，吸引更多的用户关注和购买。例如，一些时尚品牌和美妆品牌通过推出虚拟试穿/试用的 App，吸引了大量的用户关注和分享，提高了品牌的知名度和美誉度。

（2）用户参与度提升

虚拟试穿/试用还可以提高用户的参与度和黏性。用户可以通过不断尝试不同的产品和搭配，找到最适合自己的风格和款式。这种方式可以让用户更加投入地进行购物，提高购物的乐趣和满意度。此外，用户还可以与其他用户进行交流和分享，增加用户之间的互动和社交性。

2. 游戏化营销

（1）购物游戏

VR/AR 技术可以将购物过程游戏化，增加用户的参与感和趣味性。例如，一些电商平台推出了购物游戏，用户可以通过完成游戏任务获得优惠券、折扣码等奖励，从而提高用户的购买欲望。这种方式可以让用户在购物的同时享受游戏的乐趣，提高用户的购物体验和满意度。

（2）互动体验

游戏化营销还可以通过互动体验的方式吸引用户参与。例如，一些电商平台推出了 VR/AR 互动体验活动，用户可以通过参与活动获得奖品和优惠。这种方式可以让用户更加深入地了解产品和品牌，提高用户的购买意愿和忠诚度。

3. 社交互动与合作

（1）社交平台整合

VR/AR 技术可以与社交平台进行整合，让用户在社交平台上进行虚拟购物和互动。例如，一些电商平台与微信、微博等社交平台进行合作，推出了社交电商功能，用户可以在社交平台上直接购买商品，并与朋友进行分享和交流。这种方式可以增加产品的曝光度和影响力，提高用户的购买意愿和忠诚度。

（2）品牌合作与推广

VR/AR 技术还可以为品牌合作和推广提供新的机会。例如，一些品牌可以通过与 VR/AR 技术提供商合作，推出虚拟品牌体验活动，让用户在虚拟环境中了解品牌的历史、文化和产品。这种方式可以增加品牌的知名度和美誉度，提高用户的购买意愿和忠诚度。

二、VR/AR 技术在电子商务展示中的应用行业

（一）服装行业中的 VR/AR 应用

1. 虚拟试衣间

（1）功能与优势

虚拟试衣间允许用户在虚拟环境中试穿各种服装，无须实际更换衣物。用户可以通过手机、平板电脑或 VR 设备，选择不同款式、颜色和尺码的服装，查看穿着效果。这一功能的优势在于：

① 节省时间：用户无须在实体店中频繁试穿衣物，节省购物时间。

② 个性化体验：用户可以根据自己的身材、肤色和喜好进行试穿，找到最适合自己的服装。

③ 减少退货率：通过虚拟试穿，用户可以更准确地选择合适的服装，减少因尺码不合适或款式不满意而导致的退货。

（2）实际案例

许多时尚品牌和电子商务平台已经推出了虚拟试衣间功能。例如，某知名时尚品牌的 App 中，用户可以上传自己的照片，然后在虚拟环境中试穿该品牌的服装。用户可以调整服装的颜色、款式和尺码，还可以查看不同搭配的效果。此外，一些电商平台还与 VR 设备制造商合作，推出了更加沉浸式的虚拟试衣间体验。用户可以戴上 VR 头盔，进入一个虚拟的商店环境，在其中试穿各种服装。

（3）面临的挑战与解决方案

① 技术挑战：虚拟试衣间需要准确地模拟人体形态和服装材质，这对技术要求较高。目前的技术在模拟服装的质感和动态效果方面还存在一定的局限性。

解决方案：不断改进技术，提高虚拟试衣间的模拟精度。例如，采用更先进的 3D 建模技术和物理引擎，更好地模拟服装的材质和动态效果。同时，结合人工智能技术，根据用户的身体数据和喜好，为用户提供更加个性化的试穿建议。

② 用户体验挑战：部分用户可能对虚拟试衣间的操作不太熟悉，或者在使用过程中感到不舒适。

解决方案：优化虚拟试衣间的用户界面和操作流程，使其更加简单易用。同时，提供详细的使用指南和教程，帮助用户更好地了解和使用虚拟试衣间功能。此外，不断改进 VR/AR 设备的舒适性和稳定性，减少用户在使用过程中的不适感。

2. 3D 服装展示

（1）功能与优势

3D 服装展示通过 VR/AR 技术，将服装以三维的形式展示给用户。用户可以从不同角度观察服装的细节和设计，更好地了解服装的特点。这一功能的优势在于：

① 更直观的展示：3D 展示能够让用户更加直观地感受服装的外观和设计，提高用户对产品的认知度。

② 增强品牌形象：精美的 3D 服装展示可以提升品牌的形象和专业性，吸引更多用户关注。

③ 促进销售：通过更好地展示服装的特点和优势，3D 服装展示可以提高用户的购买意愿，促进销售。

（2）实际案例

一些高端时尚品牌已经开始采用 3D 服装展示技术。例如，在品牌的官方网站上，用户可以通过鼠标或手指操作，旋转和放大服装的 3D 模型，查看服装的细节和设计。此外，一些电商平台也在逐步引入 3D 服装展示功能，为用户提供更加丰富的购物体验。

（3）面临的挑战与解决方案

① 技术挑战：3D 服装展示需要高质量的 3D 建模和渲染技术，这对硬件设备和网络带宽要求较高。

解决方案：优化 3D 建模和渲染技术，提高效率和质量。同时，采用云计算和边缘计算等技术，减轻用户设备的负担，提高展示的流畅度。此外，不断提升网络带宽和稳定性，确保用户能够流畅地浏览 3D 服装展示。

② 内容制作挑战：制作高质量的 3D 服装模型需要专业的技术和人才，成本较高。

解决方案：建立专业的 3D 建模团队，或者与第三方 3D 建模公司合作，降低制作成本。同时，采用自动化建模技术和工具，提高制作效率。此外，鼓励用户参与 3D 内容制作，例如通过用户上传照片或视频，生成个性化的 3D 服装模型。

（二）家居行业中的 VR/AR 应用

1. 虚拟家居展示

（1）功能与优势

虚拟家居展示通过 VR/AR 技术，为用户创建一个虚拟的家居环境。用户可以在其中浏览不同风格的家具和装饰品，进行家居布局和搭配。这一功能的优势在于：

① 提前规划：用户可以在购买家具之前，通过虚拟家居展示了解不同家具的搭配效果，提前规划家居布局，避免购买后出现不搭配的情况。

② 个性化体验：用户可以根据自己的喜好和需求，进行个性化的家居布局和搭配，打造独一无二的家居风格。

③ 节省成本：通过虚拟家居展示，用户可以避免因购买不合适的家具而产生的退货和换货成本。

（2）实际案例

许多家居电商平台和品牌已经推出了虚拟家居展示功能。例如，用户可以在某家居电商平台的 App 中，选择不同的房间类型和风格，然后在虚拟环境中添加家具和装饰品。用户可以调整家具的位置、颜色和尺寸，还可以查看不同搭配的效果。此外，一些家居品牌还在实体店中设置了 VR 体验区，让用户更加直观地感受虚拟家居展示的效果。

（3）面临的挑战与解决方案

① 技术挑战：虚拟家居展示需要准确地模拟家居环境和家具材质，这对技术要求较高。目前的技术在模拟光线和材质效果方面还存在一定的局限性。

解决方案：不断改进技术，提高虚拟家居展示的模拟精度。例如，采用更先进的光线追踪技术和材质渲染技术，更好地模拟家居环境中的光线和材质效果。同时，结合人工智能技术，根据用户的需求和喜好，为用户提供更加个性化的家居布局建议。

② 用户体验挑战：部分用户可能对虚拟家居展示的操作不太熟悉，或者

在使用过程中感到不舒适。

解决方案：优化虚拟家居展示的用户界面和操作流程，使其更加简单易用。同时，提供详细的使用指南和教程，帮助用户更好地了解和使用虚拟家居展示功能。此外，不断改进 VR/AR 设备的舒适性和稳定性，减少用户在使用过程中的不适感。

2. 产品互动展示

（1）功能与优势

产品互动展示通过 VR/AR 技术，让用户与家居产品进行互动。用户可以通过手势、语音等方式，操作家具的开合、旋转等功能，了解产品的细节和使用方法。这一功能的优势在于：

① 更直观的了解：产品互动展示能够让用户更加直观地了解家居产品的功能和使用方法，提高用户对产品的认知度。

② 增强购买信心：通过与产品进行互动，用户可以更好地感受产品的质量和性能，增强购买信心。

③ 促进销售：通过更好地展示产品的特点和优势，产品互动展示可以提高用户的购买意愿，促进销售。

（2）实际案例

一些家居品牌已经开始采用产品互动展示技术。例如，在品牌的官方网站上，用户可以通过鼠标或手指操作，打开家具的抽屉、柜门等，查看内部结构和细节。此外，一些家居电商平台也在逐步引入产品互动展示功能，为用户提供更加丰富的购物体验。

（3）面临的挑战与解决方案

① 技术挑战：产品互动展示需要准确地模拟家居产品的物理特性和操作方式，这对技术要求较高。目前的技术在模拟物理效果和交互方式方面还存在一定的局限性。

解决方案：不断改进技术，提高产品互动展示的模拟精度。例如，采用更先进的物理引擎和交互技术，更好地模拟家居产品的物理特性和操作方式。同时，结合人工智能技术，根据用户的操作习惯和需求，为用户提供更加个性化的互动体验。

② 内容制作挑战：制作高质量的产品互动展示内容需要专业的技术和人

才，成本较高。

解决方案：建立专业的内容制作团队，或者与第三方内容制作公司合作，降低制作成本。同时，采用自动化制作技术和工具，提高制作效率。此外，鼓励用户参与内容制作，例如通过用户上传照片或视频，生成个性化的产品互动展示内容。

（三）美妆行业中的 VR/AR 应用

1. 虚拟试妆

（1）功能与优势

虚拟试妆通过 AR 技术，让用户在虚拟环境中试妆。用户可以选择不同的化妆品和妆容效果，查看在自己脸上的效果。这一功能的优势在于：

① 节省时间：用户无须在实体店中逐一试用化妆品，节省购物时间。

② 个性化体验：用户可以根据自己的肤色、脸型和喜好进行试妆，找到最适合自己的化妆品和妆容效果。

③ 减少过敏风险：通过虚拟试妆，用户可以避免因试用化妆品而导致的过敏风险。

（2）实际案例

许多美妆品牌和电商平台已经推出了虚拟试妆功能。例如，用户可以在某美妆品牌的 App 中，选择不同的口红、眼影、腮红等化妆品，然后在虚拟环境中查看在自己脸上的效果。用户可以调整化妆品的颜色、浓度和位置，还可以查看不同妆容效果的对比。此外，一些电商平台还与 AR 设备制造商合作，推出了更加沉浸式的虚拟试妆体验。用户可以戴上 AR 眼镜，在真实环境中看到自己试妆的效果。

（3）面临的挑战与解决方案

① 技术挑战：虚拟试妆需要准确地模拟化妆品的颜色和质感，以及用户的面部特征和表情变化，这对技术要求较高。目前的技术在模拟颜色和质感方面还存在一定的局限性。

解决方案：不断改进技术，提高虚拟试妆的模拟精度。例如，采用更先进的颜色识别和渲染技术，更好地模拟化妆品的颜色和质感。同时，结合人工智能技术，根据用户的面部特征和表情变化，为用户提供更加个性化的试妆建议。

② 用户体验挑战：部分用户可能对虚拟试妆的操作不太熟悉，或者在使用过程中感到不自然。

解决方案：优化虚拟试妆的用户界面和操作流程，使其更加简单易用。同时，提供详细的使用指南和教程，帮助用户更好地了解和使用虚拟试妆功能。此外，不断改进 AR 设备的舒适性和稳定性，减少用户在使用过程中的不适感。

2. 3D 美妆展示

（1）功能与优势

3D 美妆展示通过 VR/AR 技术，将美妆产品以三维的形式展示给用户。用户可以从不同角度观察美妆产品的外观和设计，更好地了解产品的特点。这一功能的优势在于：

① 更直观的展示：3D 展示能够让用户更加直观地感受美妆产品的外观和设计，提高用户对产品的认知度。

② 增强品牌形象：精美的 3D 美妆展示可以提升品牌的形象和专业性，吸引更多用户关注。

③ 促进销售：通过更好地展示美妆产品的特点和优势，3D 美妆展示可以提高用户的购买意愿，促进销售。

（2）实际案例

一些高端美妆品牌已经开始采用 3D 美妆展示技术。例如，在品牌的官方网站上，用户可以通过鼠标或手指操作，旋转和放大美妆产品的 3D 模型，查看产品的细节和设计。此外，一些美妆电商平台也在逐步引入 3D 美妆展示功能，为用户提供更加丰富的购物体验。

（3）面临的挑战与解决方案

① 技术挑战：3D 美妆展示需要高质量的 3D 建模和渲染技术，这对硬件设备和网络带宽要求较高。

解决方案：优化 3D 建模和渲染技术，提高效率和质量。同时，采用云计算和边缘计算等技术，减轻用户设备的负担，提高展示的流畅度。此外，不断提升网络带宽和稳定性，确保用户能够流畅地浏览 3D 美妆展示。

② 内容制作挑战：制作高质量的 3D 美妆产品模型需要专业的技术和人才，成本较高。

解决方案：建立专业的 3D 建模团队，或者与第三方 3D 建模公司合作，降低制作成本。同时，采用自动化建模技术和工具，提高制作效率。此外，鼓励用户参与 3D 内容制作，例如通过用户上传照片或视频，生成个性化的 3D 美妆产品模型。

（四）食品行业中的 VR/AR 应用

1. 虚拟食品展示

（1）功能与优势

虚拟食品展示通过 VR/AR 技术，为用户展示食品的外观、包装和营养成分等信息。用户可以在虚拟环境中查看食品的细节，了解食品的特点和品质。这一功能的优势在于：

① 更直观的了解：虚拟食品展示能够让用户更加直观地了解食品的外观和品质，提高用户对食品的认知度。

② 增强购买信心：通过查看食品的营养成分和制作过程等信息，用户可以更好地了解食品的安全性和健康价值，增强购买信心。

③ 促进销售：通过更好地展示食品的特点和优势，虚拟食品展示可以提高用户的购买意愿，促进销售。

（2）实际案例

一些食品电商平台和品牌已经开始采用虚拟食品展示技术。例如，用户可以在某食品电商平台的 App 中，选择不同的食品，然后在虚拟环境中查看食品的外观、包装和营养成分等信息。用户还可以通过 AR 技术，将虚拟食品与真实环境相结合，查看食品在不同场景下的效果。此外，一些食品品牌还在实体店中设置了 VR 体验区，让用户更加直观地感受虚拟食品展示的效果。

（3）面临的挑战与解决方案

① 技术挑战：虚拟食品展示需要准确地模拟食品的外观和质感，以及食品的营养成分和制作过程等信息，这对技术要求较高。目前的技术在模拟食品的质感和动态效果方面还存在一定的局限性。

解决方案：不断改进技术，提高虚拟食品展示的模拟精度。例如，采用更先进的 3D 建模技术和物理引擎，更好地模拟食品的外观和质感。同时，结合人工智能技术，根据食品的营养成分和制作过程等信息，为用户提供更加个性化的食品推荐和健康建议。

② 用户体验挑战：部分用户可能对虚拟食品展示的操作不太熟悉，或者在使用过程中感到不自然。

解决方案：优化虚拟食品展示的用户界面和操作流程，使其更加简单易用。同时，提供详细的使用指南和教程，帮助用户更好地了解和使用虚拟食品展示功能。此外，不断改进 VR/AR 设备的舒适性和稳定性，减少用户在使用过程中的不适感。

2. 互动营销活动

（1）功能与优势

互动营销活动通过 VR/AR 技术，为用户提供更加有趣和互动的购物体验。例如，用户可以通过参与 VR/AR 游戏、抽奖等活动，获得优惠券、折扣码等奖励，从而提高用户的购买意愿和黏性。这一功能的优势在于：

① 增加用户参与度：互动营销活动能够吸引用户的参与，增加用户的黏性和忠诚度。

② 提高品牌知名度：通过有趣的互动营销活动，品牌可以吸引更多用户的关注，提高品牌的知名度和美誉度。

③ 促进销售：通过提供优惠券、折扣码等奖励，互动营销活动可以提高用户的购买意愿，促进销售。

（2）实际案例

许多食品品牌和电商平台已经开始采用互动营销活动。例如，某食品品牌在其官方网站上推出了一款 VR 游戏，用户可以通过参与游戏，了解品牌的历史和文化，同时还可以获得优惠券和折扣码等奖励。此外，一些食品电商平台也在 App 中推出了 AR 抽奖活动，用户可以通过扫描食品包装上的二维码，参与抽奖，获得各种奖品和优惠。

（3）面临的挑战与解决方案

① 技术挑战：互动营销活动需要设计有趣和富有创意的游戏和活动，这对技术和创意要求较高。目前的技术在游戏设计和互动体验方面还存在一定的局限性。

解决方案：不断创新和改进技术，提高互动营销活动的趣味性和创意性。例如，采用更先进的游戏设计技术和互动体验技术，为用户提供更加丰富和有趣的购物体验。同时，结合人工智能技术，根据用户的兴趣和行为，为用户提供更加个性化的互动营销活动。

② 用户体验挑战：部分用户可能对互动营销活动的操作不太熟悉，或者在使用过程中感到不自然。

解决方案：优化互动营销活动的用户界面和操作流程，使其更加简单易用。同时，提供详细的使用指南和教程，帮助用户更好地了解和使用互动营销活动功能。此外，不断改进 VR/AR 设备的舒适性和稳定性，减少用户在使用过程中的不适感。

③ 安全挑战：互动营销活动可能涉及用户的个人信息和支付信息，存在一定的安全风险。

解决方案：加强安全防护措施，确保用户的个人信息和支付信息的安全。例如，采用加密技术、身份验证技术等，保护用户的信息安全。同时，加强对互动营销活动的监管，确保活动的合法性和公正性。

第二节　消费者对虚拟购物的接受度与反馈

一、消费者对虚拟购物的接受度分析

（一）影响消费者接受虚拟购物的因素

1. 技术因素

（1）技术易用性

虚拟购物平台和应用的操作是否简单方便，是否容易上手，是影响消费者接受虚拟购物的重要因素。如果技术过于复杂，消费者可能会因为使用困难而放弃虚拟购物。例如，一些虚拟现实购物平台需要消费者佩戴专业的设备，并且需要进行复杂的设置和操作，这对于普通消费者来说可能具有一定的难度。因此，虚拟购物平台和应用应该注重技术的易用性，提供简洁明了的操作界面和便捷的使用方式，让消费者能够轻松上手。

（2）技术可靠性

虚拟购物涉及电子支付、个人信息安全等问题，技术的可靠性至关重要。

如果消费者对虚拟购物的技术安全性存在疑虑，他们可能会拒绝使用虚拟购物。例如，一些消费者担心在虚拟购物过程中个人信息会被泄露，或者电子支付会出现安全问题。因此，虚拟购物平台和应用应该加强技术安全保障，采用先进的加密技术和安全认证机制，确保消费者的个人信息和财产安全。

（3）技术创新性

消费者通常对新颖、创新的技术有较高的兴趣。如果虚拟购物能够提供独特的购物体验，如虚拟现实购物、增强现实购物等，消费者可能会更愿意尝试虚拟购物。例如，虚拟现实购物可以让消费者身临其境地感受商品的效果和质量，增强现实购物可以将虚拟商品叠加在现实场景中，让消费者更直观地感受商品的适用性。因此，虚拟购物平台和应用应该不断创新，引入新的技术和功能，为消费者提供更加丰富和独特的购物体验。

2．个人因素

（1）年龄

不同年龄段的消费者对虚拟购物的接受度存在差异。一般来说，年轻消费者对新技术的接受度较高，更愿意尝试虚拟购物；而老年消费者可能对传统购物方式更为习惯，对虚拟购物的接受度相对较低。这是因为年轻消费者成长在数字化时代，对新技术和新事物有较高的认知度和接受度；而老年消费者可能对新技术的了解和使用相对较少，更倾向于传统的购物方式。例如，一些年轻消费者喜欢通过虚拟现实购物平台购买时尚服装和电子产品，而老年消费者则更愿意亲自前往实体店铺购买商品。

（2）性别

性别也可能影响消费者对虚拟购物的接受度。一些研究表明，女性消费者在购物时更注重商品的外观和品质，而男性消费者则更注重购物的效率和便利性。因此，虚拟购物平台和应用可以根据不同性别的消费者需求，提供个性化的服务。例如，女性消费者可能更倾向于使用虚拟现实购物平台试穿服装和化妆品，而男性消费者则可能更关注虚拟购物平台的搜索功能和推荐系统，以便快速找到自己需要的商品。

（3）教育程度

教育程度较高的消费者通常对新技术有更深入的了解和认识，更愿意尝试虚拟购物。而教育程度较低的消费者可能对虚拟购物的技术和操作存在一定的困难，接受度相对较低。这是因为教育程度较高的消费者通常具有更强的学习能力和适应能力，能够更快地掌握新技术和新事物；而教育程度较低的消费者可能对新技术的认知度和接受度相对较低，需要更多的时间和指导才能适应虚拟购物。例如，一些高学历消费者可能会主动探索虚拟现实购物平台的新功能和新体验，而低学历消费者则可能需要通过简单易懂的教程和指导才能使用虚拟购物平台。

（4）收入水平

收入水平较高的消费者通常更注重购物的品质和体验，对虚拟购物的接受度也相对较高。而收入水平较低的消费者可能更注重商品的价格，对虚拟购物的接受度相对较低。这是因为收入水平较高的消费者通常有更多的可支配收入，能够承受更高的购物成本；而收入水平较低的消费者可能更关注商品的价格，更倾向于选择价格更为实惠的购物方式。例如，一些高收入消费者可能会选择使用虚拟现实购物平台购买高端品牌商品，而低收入消费者则可能更愿意在实体店铺或者网上购物平台购买价格更为低廉的商品。

3. 社会因素

（1）社会影响

消费者的购物行为往往受到周围人的影响。如果身边的人都在使用虚拟购物，消费者可能会受到影响而尝试虚拟购物。此外，社交媒体的普及也为虚拟购物的推广提供了便利，消费者可以通过社交媒体了解虚拟购物的信息和体验，从而提高对虚拟购物的接受度。例如，一些消费者可能会因为看到朋友在社交媒体上分享虚拟现实购物的体验而对虚拟购物产生兴趣，从而尝试使用虚拟购物平台。

（2）文化因素

不同的文化背景也可能影响消费者对虚拟购物的接受度。例如，一些文化中强调个人隐私和安全，消费者可能对虚拟购物的个人信息安全问题更为关注；而另一些文化中则更注重社交和互动，消费者可能对虚拟购物的社交功能更为感兴趣。此外，不同文化背景下的消费者对商品的需求和偏好也可能存在差异，这也会影响他们对虚拟购物的接受度。例如，一些文化中消费者更注重商品的实用性和性价比，而另一些文化中消费者则更注重商品的品牌和设计。因此，虚拟购物平台和应用应该考虑不同文化背景下消费者的需求和偏好，提供个性化的服务和商品推荐。

4. 商品因素

（1）商品种类和质量

虚拟购物平台提供的商品种类和质量也是影响消费者接受虚拟购物的重要因素。如果虚拟购物平台能够提供丰富多样的商品种类，并且商品质量有保障，消费者可能会更愿意尝试虚拟购物。例如，一些消费者可能会因为在虚拟购物平台上能够找到自己喜欢的品牌和商品而选择使用虚拟购物平台。此外，虚拟购物平台还可以通过提供商品的详细信息和图片，以及用户评价和推荐等方式，提高消费者对商品质量的信任度。

（2）价格和促销活动

商品的价格和促销活动也会影响消费者对虚拟购物的接受度。如果虚拟购物平台能够提供具有竞争力的价格和丰富的促销活动，消费者可能会更愿意选择虚拟购物。例如，一些消费者可能会因为在虚拟购物平台上能够享受到更多的折扣和优惠而选择使用虚拟购物平台。此外，虚拟购物平台还可以通过提供个性化的价格推荐和促销活动，提高消费者的购买意愿。

（二）消费者对虚拟购物的态度和意愿

1. 消费者对虚拟购物的态度

（1）积极态度

方便快捷：消费者普遍认为虚拟购物具有方便快捷的优点。他们可以随时随地进行购物，无须受时间和地点的限制。例如，消费者可以在上班途中、休息时间或者在家中通过手机或电脑进行虚拟购物，节省了大量的时间和精力。

节省时间和成本：虚拟购物可以帮助消费者节省时间和成本。他们无须亲自前往实体店铺，避免了交通拥堵和排队等待的时间浪费。此外，虚拟购物平台通常会提供更多的促销活动和折扣，消费者可以以更低的价格购买到自己需要的商品。

提供更多选择：虚拟购物平台可以提供更多的商品选择，消费者可以轻松地比较不同品牌和商家的商品，找到最适合自己的商品。例如，消费者可以在虚拟购物平台上搜索到来自全球各地的商品，满足自己的个性化需求。

创新和有趣：虚拟购物利用先进的技术，为消费者提供了全新的购物体验。例如，虚拟现实购物可以让消费者身临其境地感受商品的效果和质量，增强现实购物可以将虚拟商品叠加在现实场景中，让消费者更直观地感受商品的适用性。这种创新和有趣的购物体验吸引了很多消费者的关注和尝试。

（2）消极态度

技术安全性担忧：消费者对虚拟购物的技术安全性存在担忧。他们担心在虚拟购物过程中个人信息会被泄露，或者电子支付会出现安全问题。例如，一些消费者可能会担心在虚拟现实购物平台上佩戴设备会被黑客攻击，导致个人信息泄露。

商品质量难以保证：消费者对虚拟购物平台上的商品质量难以保证。他们无法亲自触摸和感受商品，只能通过图片和描述来了解商品的情况。因此，消费者可能会担心购买到的商品与自己的期望不符，或者存在质量问题。

售后服务不完善：消费者对虚拟购物的售后服务也存在担忧。他们担心在虚拟购物过程中出现问题时，无法及时得到有效的售后服务。例如，一些消费者可能会担心在虚拟购物平台上购买的商品出现质量问题时，无法及时退换货或者维修。

缺乏社交体验：虚拟购物缺乏实体店铺中的社交体验。消费者无法与销售人员面对面交流，也无法与其他消费者互动和分享购物经验。这种缺乏社交体验的购物方式可能会让一些消费者感到孤独和无趣。

2. 消费者对虚拟购物的意愿

（1）愿意尝试虚拟购物的消费者

追求新鲜感和创新：一些消费者愿意尝试虚拟购物是因为他们追求新鲜感和创新。他们对新技术和新事物有较高的兴趣，愿意尝试不同的购物方式。例如，一些年轻消费者喜欢通过虚拟现实购物平台购买时尚服装和电子产品，体验全新的购物方式。

方便快捷的需求：一些消费者愿意尝试虚拟购物是因为他们有方便快捷的需求。他们希望能够随时随地进行购物，无须受时间和地点的限制。例如，一些上班族可能会因为工作繁忙，没有时间去实体店铺购物，而选择使用虚拟购物平台。

价格优惠和促销活动：一些消费者愿意尝试虚拟购物是因为他们被虚拟购物平台上的价格优惠和促销活动所吸引。他们希望能够以更低的价格购买到自己需要的商品。例如，一些消费者可能会因为在虚拟购物平台上看到了自己喜欢的商品正在进行促销活动，而选择尝试虚拟购物。

（2）不愿意尝试虚拟购物的消费者

对传统购物方式的偏好：一些消费者不愿意尝试虚拟购物是因为他们对传统购物方式有偏好。他们喜欢亲自前往实体店铺购物，享受购物的过程和社交体验。例如，一些消费者可能会觉得在实体店铺购物可以更好地了解商品的质量和适用性，同时也可以与销售人员和其他消费者交流和互动。

技术安全性担忧：一些消费者不愿意尝试虚拟购物是因为他们对虚拟购物的技术安全性存在担忧。他们担心在虚拟购物过程中个人信息会被泄露，或者电子支付会出现安全问题。例如，一些消费者可能会觉得在虚拟购物平台上进行电子支付不安全，担心自己的财产会受到损失。

商品质量难以保证：一些消费者不愿意尝试虚拟购物是因为他们对虚拟购物平台上的商品质量难以保证。他们无法亲自触摸和感受商品，只能通过图片和描述来了解商品的情况。因此，他们担心购买到的商品与自己的期望不符，或者存在质量问题。例如，一些消费者可能会觉得在虚拟购物平台上购买的商品质量不如实体店铺中的商品质量好。

售后服务不完善：一些消费者不愿意尝试虚拟购物是因为他们对虚拟购物的售后服务不完善。他们担心在虚拟购物过程中出现问题时，无法及时得到有效的售后服务。例如，一些消费者可能会觉得在虚拟购物平台上购买的商品出现质量问题时，无法及时退换货或者维修。

二、消费者对虚拟购物的反馈

（一）消费者在虚拟购物中的体验

1. 购物便利性

（1）随时随地购物

虚拟购物打破了时间和空间的限制，消费者可以在任何时间、任何地点进行购物。无论是在家中、办公室还是在旅途中，只要有网络连接，消费者就可以轻松浏览商品、下单购买。这种便利性使得消费者能够更加灵活地安排购物时间，满足了现代快节奏生活的需求。

（2）快速搜索和比较商品

虚拟购物平台通常提供强大的搜索功能和商品比较工具，消费者可以快速找到自己需要的商品，并对不同品牌、不同商家的商品进行比较。这使得消费者能够更加便捷地选择最适合自己的商品，提高了购物的效率。

（3）个性化推荐

虚拟购物平台利用人工智能技术，根据消费者的浏览历史、购买记录和个人偏好，为消费者提供个性化的商品推荐。这种个性化推荐能够帮助消费者发现更多符合自己需求的商品，提高购物的满意度。

2. 商品展示和体验

（1）虚拟现实和增强现实技术

虚拟现实（VR）和增强现实（AR）技术为消费者提供了更加真实、直观的商品展示和体验。消费者可以通过佩戴 VR 设备或使用 AR 应用，身临其境地感受商品的外观、尺寸、颜色等特征，甚至可以进行虚拟试穿、试用。这种沉浸式的购物体验能够帮助消费者更好地了解商品，提高购买决策的准确性。

（2）360 度商品展示

虚拟购物平台通常提供 360 度商品展示功能，消费者可以全方位地查看商品的细节。这种展示方式比传统的图片展示更加直观、全面，能够帮助消费者更好地了解商品的质量和特点。

（3）商品视频和用户评价

虚拟购物平台上的商品视频和用户评价也是消费者了解商品的重要途径。商品视频可以展示商品的使用方法、功能特点等信息，帮助消费者更好地了解商品。用户评价则可以提供其他消费者对商品的真实反馈，帮助消费者做出更加明智的购买决策。

3. 社交互动

（1）社交分享和推荐

虚拟购物平台通常提供社交分享功能，消费者可以将自己喜欢的商品分享到社交媒体上，与朋友、家人分享购物心得。同时，消费者也可以通过社交媒体获取朋友、家人的购物推荐，这种社交互动能够增加购物的乐趣和趣味性。

（2）在线客服和社区互动

虚拟购物平台上的在线客服和社区互动功能也为消费者提供了便利。消费者可以随时向在线客服咨询商品信息、下单流程等问题，得到及时的解答和帮助。社区互动则可以让消费者与其他消费者交流购物经验、分享购物心得，这种互动能够增加消费者的信任感和归属感。

4. 支付和配送

（1）多种支付方式

虚拟购物平台通常支持多种支付方式，如信用卡支付、支付宝支付、微信支付等，消费者可以根据自己的喜好和习惯选择最方便的支付方式。这种多样化的支付方式能够提高购物的便利性和安全性。

（2）快速配送和物流跟踪

虚拟购物平台通常与物流公司合作，为消费者提供快速配送服务。消费者可以在下单后实时跟踪物流信息，了解商品的配送进度。这种快速配送和物流跟踪服务能够提高消费者的购物体验和满意度。

（二）消费者对虚拟购物的满意度和忠诚度

1. 满意度

（1）整体满意度

消费者对虚拟购物的整体满意度较高。虚拟购物的便利性、商品展示和体验、社交互动、支付和配送等方面都得到了消费者的认可。然而，也有一些消费者对虚拟购物的某些方面存在不满意的情况，如商品质量、售后服务、技术问题等。

（2）满意度影响因素

商品质量：商品质量是影响消费者满意度的重要因素。消费者希望购买到质量可靠、符合自己需求的商品。如果虚拟购物平台上的商品质量存在问题，消费者的满意度就会降低。

售后服务：售后服务也是影响消费者满意度的重要因素。消费者希望在购买商品后能够得到及时、有效的售后服务。如果虚拟购物平台的售后服务不到位，消费者的满意度就会降低。

技术问题：虚拟购物平台的技术问题也会影响消费者的满意度。如果虚拟购物平台出现卡顿、闪退、支付失败等技术问题，消费者的购物体验就会受到影响，满意度也会降低。

价格和促销活动：价格和促销活动也是影响消费者满意度的因素之一。

消费者希望能够以合理的价格购买到自己需要的商品，如果虚拟购物平台的价格过高或者促销活动不够吸引人，消费者的满意度就会降低。

2. 忠诚度

（1）重复购买意愿

消费者对虚拟购物的忠诚度较高，有较强的重复购买意愿。虚拟购物的便利性、商品展示和体验、社交互动、支付和配送等方面都能够吸引消费者再次购买。此外，虚拟购物平台的个性化推荐、会员制度、积分兑换等营销手段也能够提高消费者的忠诚度。

（2）推荐意愿

消费者对虚拟购物的推荐意愿也较高。如果消费者对虚拟购物的体验满意，他们会愿意将虚拟购物平台推荐给朋友、家人。这种口碑传播能够为虚拟购物平台带来更多的用户和流量。

（3）忠诚度影响因素

购物体验：购物体验是影响消费者忠诚度的重要因素。消费者希望在虚拟购物平台上能够获得良好的购物体验，包括商品质量、售后服务、技术问题、价格和促销活动等方面。如果虚拟购物平台能够不断提升购物体验，消费者的忠诚度就会提高。

个性化服务：个性化服务也是影响消费者忠诚度的因素之一。消费者希望虚拟购物平台能够根据自己的需求和偏好提供个性化的商品推荐、促销活动、售后服务等。如果虚拟购物平台能够提供个性化的服务，消费者的忠诚度就会提高。

会员制度和积分兑换：会员制度和积分兑换也是提高消费者忠诚度的有效手段。虚拟购物平台可以通过会员制度和积分兑换等方式，为消费者提供更多的优惠和福利，增加消费者的黏性和忠诚度。

（三）消费者对虚拟购物的改进建议

1. 提高商品质量和售后服务

（1）加强商品质量监管

虚拟购物平台应该加强对商品质量的监管，确保平台上的商品质量可靠、符合国家标准。可以通过建立严格的商品审核机制、与品牌商合作、加强对供应商的管理等方式，提高商品质量。

（2）提升售后服务水平

虚拟购物平台应该提升售后服务水平，为消费者提供及时、有效的售后服务。可以通过建立完善的售后服务体系、加强对客服人员的培训、提高售后服务的响应速度等方式，提升售后服务水平。

2. 优化技术和用户体验

（1）解决技术问题

虚拟购物平台应该加强技术研发，解决平台上出现的卡顿、闪退、支付失败等技术问题。可以通过优化平台架构、提高服务器性能、加强安全防护等方式，提高平台的稳定性和安全性。

（2）提升用户体验

虚拟购物平台应该不断提升用户体验，为消费者提供更加便捷、舒适的购物环境。可以通过优化界面设计、提高搜索功能的准确性、增加个性化推荐的精准度等方式，提升用户体验。

3. 加强社交互动和个性化服务

（1）增强社交互动功能

虚拟购物平台应该增强社交互动功能，为消费者提供更多的社交体验。可以通过增加社交分享功能、举办线上活动、建立社区互动平台等方式，增强社交互动功能。

（2）提供个性化服务

虚拟购物平台应该根据消费者的需求和偏好，提供个性化的商品推荐、促销活动、售后服务等。可以通过建立消费者画像、利用人工智能技术等方式，提供个性化服务。

4. 合理定价和促销活动

（1）合理定价

虚拟购物平台应该根据市场需求和竞争情况，合理定价商品。可以通过市场调研、成本分析、竞争对手价格比较等方式，确定合理的价格策略。

（2）举办促销活动

虚拟购物平台应该举办丰富多彩的促销活动，吸引消费者购买商品。可以通过打折、满减、赠品等方式，举办促销活动。同时，促销活动的规则应该简单明了，避免消费者产生误解。

第三节　对商品展示和销售转化率的影响

一、商品展示的重要性

（一）吸引消费者的注意力

1. 视觉魔法：色彩与光影的魅力

（1）色彩心理学的运用

不同的颜色能够唤起消费者不同的情感和联想。例如，红色通常代表着活力与激情，可用于促销活动的商品展示，吸引消费者的目光并激发他们的购买冲动；蓝色则给人以稳重、可靠的感觉，适合用于展示高端科技产品。商家可以根据商品的特点和目标受众的心理需求，精心选择展示的主色调和辅助色彩，营造出独特的视觉氛围。

（2）光影效果的营造

巧妙运用灯光可以突出商品的特点和质感。聚光灯可以聚焦在重点商品上，使其更加醒目；柔和的灯光则能营造出温馨、舒适的购物环境。此外，利用光影的变化还可以创造出动态感和立体感，让商品展示更加生动有趣。

（3）陈列布局的艺术

合理的陈列布局能够引导消费者的视线，使他们自然而然地被商品所吸引。可以采用中心对称、放射状等布局方式，将重要商品放置在视觉焦点上。同时，注意商品之间的间距和层次，避免过于拥挤或单调，给消费者留下足够的观赏空间。

2. 独特创意：打破常规的展示方式

（1）主题式展示

结合特定的主题进行商品展示，能够为消费者带来全新的购物体验。例如，以"夏日海滩"为主题的服装展示，可以通过布置沙滩、海浪等场景元素，让消费者仿佛置身于海边，更好地感受服装的风格和适用场景。主题式展示不仅能够吸引消费者的注意力，还能增强商品的故事性和情感共鸣。

（2）互动式展示

设置互动区域，让消费者能够亲自参与商品的体验。例如，在电子产品展示区，可以设置游戏体验区，让消费者亲身体验产品的性能和乐趣；在美妆产品展示区，可以提供试用装和化妆镜，让消费者当场试用产品。互动式展示能够增加消费者的参与感和趣味性，提高他们对商品的关注度。

（3）艺术装置展示

将商品与艺术装置相结合，创造出令人惊艳的视觉效果。例如，在珠宝展示中，可以利用水晶吊灯和镜面反射，打造出璀璨夺目的艺术景观；在家具展示中，可以将家具组合成独特的造型，如同一件大型的艺术作品。艺术装置展示能够提升商品的艺术价值和品牌形象，吸引追求高品质生活的消费者。

3. 动态魅力：运动与变化的吸引力

（1）模特展示

模特展示是时尚行业中常用的吸引消费者注意力的方式。选择身材比例合适、气质与商品风格相符的模特，能够更好地展示商品的穿着效果和搭配方式。此外，模特的动态展示，如走秀、摆姿势等，能够让商品更加生动地呈现在消费者面前。

（2）视频展示

播放商品的宣传视频或使用演示视频，可以更加直观地展示商品的特点和优势。视频可以在实体店铺的大屏幕上播放，也可以在线上电商平台上展示。通过动态的画面和音效，吸引消费者的注意力，激发他们的购买欲望。

（3）旋转展示架和动态陈列

使用旋转展示架或动态陈列装置，可以让商品不断地变换角度和位置，增加展示的趣味性和吸引力。这种动态展示方式尤其适用于小型商品，如珠宝、手表等，能够让消费者全方位地欣赏商品的细节。

（二）传达商品信息

1. 清晰标识：一目了然的商品信息

（1）标签与说明

在商品展示中，应提供清晰、准确的标签和说明，包括商品的名称、品牌、规格、价格、材质等基本信息。标签和说明应采用简洁明了的语言，避免使用过于专业或复杂的术语，让消费者能够快速了解商品的特点。

（2）二维码与链接

在商品展示区域设置二维码或链接，消费者可以通过扫描二维码或点击链接，获取更多关于商品的详细信息，如产品说明书、用户评价、使用教程等。这种方式不仅方便消费者了解商品，还能增加他们与品牌的互动。

（3）比较图表

对于同类商品，可以制作比较图表，将不同品牌、不同型号的商品的特点和优势进行对比展示。比较图表可以帮助消费者快速了解商品之间的差异，从而做出更加明智的购买决策。

2. 突出特点：展示商品的独特之处

（1）产品演示

通过现场演示或视频演示，向消费者展示商品的独特功能和优势。例如，在厨房电器展示中，可以进行现场烹饪演示，展示产品的高效性能和便捷操作；在运动装备展示中，可以进行运动演示，展示产品的舒适性和功能性。

（2）案例分享

分享用户的使用案例和成功故事，让消费者更好地了解商品的实际效果。可以在商品展示区域设置案例展示区，展示用户的照片、评价和使用心得。案例分享能够增加商品的可信度和吸引力，激发消费者的购买欲望。

（3）专家推荐

邀请行业专家或知名人士对商品进行推荐和评价，增加商品的权威性和可信度。可以在商品展示区域设置专家推荐区，展示专家的照片、评价和推荐理由。专家推荐能够吸引消费者的关注，提高他们对商品的信任度。

3. 场景营造：让消费者身临其境

（1）模拟使用场景

将商品放置在模拟的使用场景中进行展示，让消费者更好地想象自己使用商品的情景。例如，在家具展示中，可以布置成不同风格的家居场景，如现代简约、欧式古典等，让消费者直观地感受家具在不同环境中的效果；在户外装备展示中，可以搭建模拟的露营场景，让消费者体验产品在户外的实用性。

（2）故事化展示

通过讲述商品的故事，将消费者带入特定的情境中。例如，在手工制品展示中，可以讲述工匠的创作过程和背后的故事，让消费者感受到商品的独特价值和情感内涵；在旅游产品展示中，可以讲述旅游目的地的风土人情和美丽风景，激发消费者的向往之情。

（3）互动体验场景

设置互动体验场景，让消费者能够亲自参与商品的使用和体验。例如，在美妆产品展示中，可以设置化妆体验区，让消费者亲自试用产品并学习化妆技巧；在智能家居展示中，可以设置智能生活体验区，让消费者感受智能家居带来的便捷和舒适。

（三）激发购买欲望

1. 情感共鸣：触动消费者的内心世界

（1）故事营销

通过讲述商品背后的感人故事或品牌的发展历程，激发消费者的情感共鸣。例如，在珠宝展示中，可以讲述每一款珠宝背后的爱情故事或家族传承，让消费者感受到珠宝的珍贵和情感价值；在环保产品展示中，可以讲述品牌为保护环境所做出的努力和贡献，激发消费者的环保意识和责任感。

（2）情感诉求

针对消费者的情感需求，进行情感诉求的商品展示。例如，在情人节期间，可以推出浪漫的情侣商品展示，满足消费者对爱情的渴望；在母亲节期间，可以推出温馨的母婴商品展示，满足消费者对亲情的表达；在毕业季期间，可以推出有纪念意义的礼物展示，满足消费者对友情和回忆的珍惜。

（3）体验营销

通过让消费者亲身体验商品，激发他们的购买欲望。例如，在汽车销售店中，可以提供试驾服务，让消费者感受汽车的性能和舒适度；在电子产品销售店中，可以提供试用服务，让消费者体验产品的功能和操作便捷性；在美食展示中，可以提供试吃服务，让消费者品尝美食的味道和口感。

2. 稀缺性与紧迫感：制造购买的动力

（1）限量版商品展示

推出限量版商品，并进行特别的展示和宣传，营造出稀缺性和独特性。限量版商品往往能够吸引消费者的关注和收藏欲望，促使他们尽快购买。可以在商品展示区域设置限量版商品专区，展示商品的独特设计和限量编号，增加商品的吸引力。

（2）限时促销展示

进行限时促销活动，并在商品展示中突出促销的时间限制和优惠力度。限时促销能够营造出紧迫感，促使消费者在规定的时间内做出购买决策。可以在商品展示区域设置倒计时时钟或促销标语，提醒消费者促销活动的时间限制。

（3）热门商品推荐

展示热门商品和畅销商品，让消费者感受到商品的受欢迎程度和市场需求。热门商品推荐可以通过排行榜、销售数据展示、用户评价等方式进行传达，激发消费者的从众心理和购买欲望。可以在商品展示区域设置热门商品专区，展示商品的图片、评价和销售数据，吸引消费者的关注。

3. 个性化定制：满足消费者的独特需求

（1）定制服务展示

提供个性化定制服务，并在商品展示中突出定制的特点和优势。定制服务可以满足消费者的个性化需求，让他们拥有独一无二的商品，从而激发他们的购买欲望。可以在商品展示区域设置定制服务专区，展示定制的流程、案例和效果，让消费者了解定制服务的可行性和价值。

（2）案例展示

展示个性化定制的案例和成果，让消费者更好地了解定制服务的效果和价值。案例展示可以通过图片、视频、客户评价等方式进行传达，增强消费者对定制服务的信心和兴趣。可以在商品展示区域设置案例展示区，展示客户的定制作品和评价，激发消费者的定制欲望。

（3）互动设计

设置互动设计区域，让消费者可以参与商品的设计和定制过程。互动设计可以让消费者更加深入地了解商品，同时也增加了购物的乐趣和参与感。可以在商品展示区域设置互动设计区，提供设计工具和素材，让消费者亲自设计自己的商品，满足他们的个性化需求。

（四）建立品牌形象

1. 一致性与连贯性：塑造品牌的独特风格

（1）品牌标识与包装

在商品展示中，应保持品牌标识和包装的一致性和连贯性。品牌标识和包装是品牌形象的重要组成部分，它们的统一风格能够让消费者更容易识别和记忆品牌。可以在商品展示区域设置品牌标识展示区，展示品牌的标志、口号和形象代言人，增强品牌的辨识度。

（2）展示风格与氛围

商品展示的整体风格和氛围应与品牌的定位和价值观相符合。例如，高端品牌可以采用奢华、精致的展示风格，营造出高贵、优雅的氛围；年轻品牌可以采用时尚、潮流的展示风格，营造出活力、个性的氛围。可以根据品牌的定位和目标受众的特点，选择合适的展示道具、灯光效果和音乐背景，营造出独特的品牌氛围。

（3）服务体验

提供优质的服务体验，让消费者在购物过程中感受到品牌的关怀和尊重。服务体验包括销售人员的专业素质、售后服务的质量等方面，它们的好坏直接影响着消费者对品牌的印象和评价。可以通过培训销售人员、优化售后服务流程等方式，提高服务质量，增强品牌的竞争力。

2. 品牌故事传播：传递品牌的价值与文化

（1）展示区域设计

在实体店铺或线上电商平台上，设置专门的品牌故事展示区域，让消费者可以更加深入地了解品牌的历史、文化和价值观。品牌故事展示区域可以通过图片、文字、视频等方式进行设计，营造出浓厚的品牌氛围。可以在品牌故事展示区域设置互动环节，如问答游戏、抽奖活动等，增加消费者的参与度和趣味性。

（2）社交媒体传播

利用社交媒体平台，传播品牌故事和商品展示。社交媒体具有传播速度快、覆盖面广、互动性强等特点，可以让品牌故事和商品展示更好地触达目标消费者群体。品牌可以通过发布图片、视频、文章等内容，吸引消费者的关注和参与，提高品牌的知名度和美誉度。可以与社交媒体达人合作，进行品牌推广和商品展示，扩大品牌的影响力。

（3）活动营销

举办品牌活动，如新品发布会、品牌体验活动等，传播品牌故事和商品展示。品牌活动可以让消费者更加直观地了解品牌的产品和服务，同时也增加了品牌与消费者之间的互动和沟通。通过品牌活动，品牌可以提高消费者的参与度和忠诚度，建立起良好的品牌形象。可以在品牌活动中设置商品展示区，展示品牌的最新产品和特色商品，吸引消费者的关注和购买。

3. 品牌口碑建设：赢得消费者的信任与支持

（1）用户评价展示

在商品展示中，展示用户的评价和反馈，让消费者了解其他消费者对商品的使用体验和评价。用户评价可以增加商品的可信度和吸引力，促使消费者做出购买决策。可以在商品展示区域设置用户评价展示区，展示用户的照片、评价和评分，增强消费者对商品的信任度。

（2）品牌荣誉展示

展示品牌获得的荣誉和奖项，如行业奖项、消费者评选奖项等，让消费者了解品牌的实力和品质。品牌荣誉可以提高品牌的知名度和美誉度，增强消费者对品牌的信任和认可。可以在商品展示区域设置品牌荣誉展示区，展示品牌的奖杯、证书和荣誉称号，提升品牌的形象和声誉。

（3）社会责任履行

积极履行企业的社会责任，如环保、公益、慈善等方面的活动，让消费者感受到品牌的社会责任感和担当。社会责任履行可以提高品牌的形象和声誉，赢得消费者的尊重和支持。可以在商品展示区域设置社会责任展示区，展示品牌的环保措施、公益活动和慈善捐赠等内容，增强消费者对品牌的好感度和忠诚度。

二、商品展示对销售转化率的影响因素

（一）展示方式对销售转化率的影响

1. 实体店铺展示方式

（1）空间布局与引导

入口设计：实体店铺的入口应具有吸引力，可采用独特的装饰、明亮的灯光或特色陈列来吸引顾客的目光。例如，设置一个主题展示区，展示当季热门商品或新品，引导顾客进入店铺。

通道规划：合理规划店铺通道，确保顾客能够流畅地浏览商品。通道宽度应适中，避免过于狭窄或拥挤。可以设置不同的通道类型，如主通道用于

引导顾客快速浏览主要商品区域，副通道则连接各个特色展示区，增加顾客的探索欲望。

区域划分：根据商品类型、品牌或价格进行区域划分，使顾客能够快速找到自己感兴趣的商品。例如，设立高端品牌专区、时尚潮流区、特价促销区等，满足不同顾客的需求。

（2）陈列艺术与创新

色彩搭配：运用色彩心理学，选择合适的色彩搭配来突出商品特点和营造购物氛围。例如，暖色调如红色、黄色可以激发顾客的购买欲望，适合用于促销商品的陈列；冷色调如蓝色、绿色则给人一种沉稳、可靠的感觉，适合用于展示高端商品。

材质对比：通过不同材质的陈列道具和背景，突出商品的质感和品质。例如，对于珠宝首饰，可以使用黑色丝绒背景和水晶展示架，凸显珠宝的光泽和奢华感；对于木质家具，可以使用自然材质的陈列道具，营造出温馨、舒适的氛围。

动态陈列：采用动态陈列方式，如旋转展示架、移动模特等，增加商品的展示效果和吸引力。例如，在时尚服装店铺中，可以设置移动模特，展示服装的不同搭配和动态效果，吸引顾客的注意力。

（3）互动体验展示

试用区域：设置试用区域，让顾客能够亲身体验商品的性能和质量。例如，在化妆品店铺中，可以设置试用妆台，提供各种化妆品的试用装，让顾客在试用后决定是否购买；在电子产品店铺中，可以设置体验区，让顾客试用产品的功能和操作。

互动装置：引入互动装置，增加顾客的参与感和趣味性。例如，在儿童玩具店铺中，可以设置互动游戏区，让孩子在游戏中体验玩具的乐趣；在科技产品店铺中，可以设置虚拟现实（VR）体验区，让顾客感受产品的科技魅力。

个性化定制服务：提供个性化定制服务，满足顾客的独特需求。例如，在珠宝首饰店铺中，可以提供定制设计服务，让顾客参与珠宝的设计过程，打造独一无二的首饰；在服装店铺中，可以提供定制裁剪服务，满足顾客对服装尺寸和款式的个性化需求。

2. 线上电商平台展示方式

（1）图片与视频展示

高质量图片：在线上购物中，图片是顾客了解商品的主要途径。因此，提供高质量的图片至关重要。图片应具有高分辨率、真实的色彩和良好的光线，能够清晰地展示商品的细节和特点。可以从不同角度拍摄商品图片，包括正面、侧面、背面、细节等，让顾客全面了解商品的外观。

多角度展示：除了静态图片外，提供多角度展示的视频可以更直观地展示商品的特点和使用方法。视频可以包括商品的外观展示、功能演示、使用场景等，让顾客更好地了解商品的价值。

360 度全景展示：对于一些复杂的商品，如家具、汽车等，可以提供 360 度全景展示，让顾客可以从不同角度观察商品的外观和结构。全景展示可以增加顾客对商品的了解和信任度，提高购买的可能性。

（2）信息呈现与交互

详细商品描述：提供详细的商品描述，包括商品的规格、材质、尺寸、颜色、重量、使用方法、保养方法等信息，让顾客能够全面了解商品的特点和优势。商品描述应简洁明了，避免使用过于专业的术语，让顾客易于理解。

用户评价与晒单：展示用户的评价和晒单可以增加商品的可信度和说服力。顾客在购买商品前，通常会参考其他用户的评价来判断商品的质量和性价比。因此，企业应鼓励用户留下真实的评价，并及时回复用户的问题和反馈。

在线客服与咨询：提供在线客服和咨询服务，让顾客能够及时解决购物过程中遇到的问题。在线客服应具备专业的知识和良好的服务态度，能够快速准确地回答顾客的问题，为顾客提供优质的购物体验。

（3）个性化推荐与定制

个性化推荐算法：利用个性化推荐算法，根据顾客的浏览历史、购买记录和个人偏好，为顾客推荐适合的商品。个性化推荐可以提高顾客的购物效率，增加顾客的购买欲望。

定制化服务：提供定制化服务，满足顾客的个性化需求。例如，在服装店铺中，可以提供定制裁剪服务，让顾客根据自己的身材和喜好定制服装；在礼品店铺中，可以提供定制礼品服务，让顾客打造独一无二的礼品。

（二）展示内容对销售转化率的影响

1. 商品信息呈现

（1）核心卖点突出

明确商品的核心卖点，并在展示中突出强调。核心卖点可以是商品的独特功能、优质材质、时尚设计、高性价比等。例如，对于一款智能手表，可以突出其健康监测功能、时尚外观设计和长续航能力等核心卖点。

（2）技术参数与规格

对于一些科技产品或专业设备，提供详细的技术参数和规格可以让顾客更好地了解商品的性能和质量。技术参数应包括产品的规格、性能指标、技术特点等，同时可以提供对比表格，让顾客更容易比较不同产品的差异。

（3）品牌故事与文化

讲述品牌的故事和文化，可以增加商品的情感价值和品牌认同感。品牌故事可以包括品牌的创立背景、发展历程、核心价值观等，让顾客更好地了解品牌的内涵和精神。

2. 用户评价与口碑

（1）真实用户评价

真实的用户评价是影响顾客购买决策的重要因素之一。展示用户的评价和晒单可以增加商品的可信度和说服力。评价应包括商品的质量、性能、使用体验、售后服务等方面，让顾客全面了解商品的优缺点。

（2）口碑营销

通过口碑营销，让顾客主动传播商品的优点和品牌的良好形象。可以通过提供优质的商品和服务，鼓励顾客分享购物体验，举办用户评价活动等方式，提高品牌的口碑和知名度。

（3）专家推荐与评测

邀请行业专家或知名人士对商品进行推荐和评测，可以增加商品的权威性和可信度。专家推荐和评测应客观、真实，重点突出商品的优势和特点，为顾客提供专业的购买建议。

3. 促销活动与优惠信息

（1）折扣与优惠

提供折扣和优惠活动是吸引顾客购买商品的有效手段之一。可以通过限时折扣、满减优惠、买一送一等促销活动，降低商品的价格，提高顾客的购买欲望。促销信息应清晰明了，避免误导顾客。

（2）赠品与礼品

提供赠品和礼品可以增加商品的附加值，吸引顾客购买商品。赠品应具有吸引力和实用性，与商品相关联，能够满足顾客的需求。

（3）会员制度与积分奖励

建立会员制度和积分奖励机制，可以增加顾客的忠诚度和购买频率。会员可以享受专属的优惠活动、积分兑换礼品、优先购买权等特权，提高顾客的购物体验和满意度。

（三）展示环境对销售转化率的影响

1. 实体店铺展示环境

（1）店铺氛围营造

灯光设计：合理的灯光设计可以营造出舒适的购物环境，突出商品的特点和优势。店铺内应采用不同类型的灯光，如主照明、重点照明、装饰照明等，根据商品的展示需求进行灯光设计。例如，对于珠宝首饰，可以采用柔和的灯光突出宝石的光泽；对于服装，可以采用明亮的灯光展示服装的颜色和款式。

音乐选择：选择合适的音乐可以增加顾客的购物乐趣和停留时间。音乐应与店铺的风格和目标受众相匹配，避免过于嘈杂或单调。例如，在时尚潮流店铺中，可以选择流行音乐；在高端品牌店铺中，可以选择古典音乐或轻音乐。

香氛营造：使用香氛可以营造出独特的购物氛围，增强顾客的购物体验。香氛应选择与店铺风格和商品特点相符合的味道，避免过于浓烈或刺鼻。例如，在化妆品店铺中，可以使用清新的花香；在家居用品店铺中，可以使用温馨的木香。

（2）服务质量提升

员工培训：加强员工培训，提高员工的专业素质和服务水平。员工应具备良好的产品知识、销售技巧和服务态度，能够为顾客提供专业的购物建议和优质的服务。

售后服务：提供完善的售后服务，保障顾客的权益。售后服务应包括退换货政策、维修保养服务、客户咨询服务等，让顾客购物无忧。

顾客关怀：关注顾客的需求和感受，提供个性化的顾客关怀服务。例如，为顾客提供免费的饮品、休息区、儿童游乐区等，让顾客在购物过程中感受到舒适和便利。

2. 线上电商平台展示环境

（1）网站设计与用户体验

界面设计：简洁、美观、易用的界面设计可以提高顾客的购物体验和购买欲望。网站应具有清晰的导航栏、搜索功能和商品分类，方便顾客查找所需商品。同时，网站的页面布局应合理，图片和文字的搭配应协调，避免页面过于拥挤或混乱。

加载速度：快速的加载速度可以提高顾客的满意度和购买欲望。如果网站的加载速度过慢，顾客可能会失去耐心，放弃购物。因此，企业应优化网站的代码和图片，提高网站的加载速度。

移动适配性：随着移动互联网的发展，越来越多的顾客通过手机进行购物。因此，网站应具备良好的移动适配性，能够在不同尺寸的手机屏幕上正常显示，为顾客提供便捷的购物体验。

3. 安全与信任保障

（1）支付安全

提供安全的支付方式，保障顾客的财产安全。企业应采用加密技术和安全认证机制，确保顾客的支付信息不被泄露。

（2）隐私保护

保护顾客的个人隐私，遵守相关的法律法规。企业应明确告知顾客个人信息的收集和使用方式，未经顾客同意不得将个人信息用于其他目的。

（3）信誉评价

建立信誉评价体系，让顾客能够了解企业的信誉和口碑。企业应及时处理顾客的投诉和建议，提高顾客的满意度和信任度。

第六章　区块链保障电子商务安全

第一节　区块链技术的基本原理与特点

一、区块链技术的基本原理

(一) 分布式账本

1. 概念与特点

(1) 定义

分布式账本是一种在多个节点上共同维护的账本，每个节点都保存着完整的账本副本。与传统的中心化账本不同，分布式账本没有单一的控制中心，而是通过网络中的多个节点共同协作来记录和验证交易。

(2) 特点

去中心化：分布式账本的去中心化特点是其最显著的优势之一。由于没有中心机构的控制，账本的维护和管理更加公平、透明，不易受到单点故障和恶意攻击的影响。

数据一致性：通过共识机制，分布式账本能够确保所有节点上的账本副本保持一致。即使在网络中存在部分节点故障或恶意行为的情况下，也能保证账本数据的准确性和完整性。

高可靠性：由于账本数据在多个节点上进行备份，分布式账本具有很高的可靠性。即使某些节点出现故障，其他节点仍然可以继续提供服务，保证账本的正常运行。

可追溯性：分布式账本中的每一笔交易都被记录在区块链上，并且可以追溯到其源头。这使得账本数据具有很高的可追溯性，便于审计和监管。

2. 工作原理

（1）交易记录

当发生一笔交易时，交易信息会被广播到网络中的所有节点。每个节点都会对交易信息进行验证，确保交易的合法性和有效性。

（2）区块生成

经过验证的交易信息会被打包成一个区块。区块中包含了一定数量的交易记录，以及前一个区块的哈希值等信息。

（3）区块验证与链接

新生成的区块会被广播到网络中的其他节点进行验证。验证通过后，该区块会被链接到区块链上，成为账本的一部分。每个节点都会更新自己的账本副本，以保持与网络中的其他节点一致。

3. 应用场景

（1）金融领域

在金融领域，分布式账本可以用于跨境支付、证券交易、供应链金融等场景。通过去除中间环节，降低交易成本，提高交易效率和安全性。

（2）供应链管理

分布式账本可以记录供应链中的每一个环节，包括原材料采购、生产加工、物流运输、销售等。这有助于提高供应链的透明度和可追溯性，减少假冒伪劣产品的流通。

（3）物联网

在物联网领域，分布式账本可以用于设备身份认证、数据安全存储和共享等方面。通过确保设备之间的信任和数据的真实性，实现物联网的安全、高效运行。

（二）共识机制

1. 概念与作用

（1）定义

共识机制是一种在分布式系统中用于达成一致的算法或协议。在区块链系统中，共识机制的作用是确保所有节点对交易记录的一致性达成共识，从而保证账本的准确性和完整性。

（2）作用

保证数据一致性：通过共识机制，所有节点能够就账本中的交易记录达成一致，避免出现数据冲突和不一致的情况。

防止恶意攻击：共识机制可以有效地防止恶意节点的攻击和篡改行为。只有通过合法的方式参与共识过程，才能对账本进行修改。

提高系统可靠性：共识机制使得区块链系统能够在部分节点出现故障或恶意行为的情况下，仍然保持正常运行。这提高了系统的可靠性和稳定性。

2. 常见的共识机制

（1）工作量证明（Proof of Work，PoW）

原理：工作量证明机制要求节点通过计算复杂的数学难题来竞争记账权。节点需要花费大量的计算资源和时间来解决难题，一旦解决成功，就可以将新生成的区块添加到区块链上。

优点：安全性高，攻击者需要掌握大量的计算资源才能发动攻击。同时，工作量证明机制相对公平，任何节点都有机会参与记账。

缺点：能源消耗大，计算过程需要消耗大量的电力和计算资源。此外，交易确认时间较长，不适合实时性要求较高的场景。

（2）权益证明（Proof of Stake，PoS）

原理：权益证明机制根据节点持有的代币数量和时间来确定记账权。持有代币数量越多、时间越长的节点，获得记账权的概率就越大。

优点：能源消耗低，不需要进行大量的计算。交易确认时间相对较短，适合实时性要求较高的场景。

缺点：可能存在富者愈富的问题，持有大量代币的节点更容易获得记账权，从而导致权力集中。

（3）委托权益证明（Delegated Proof of Stake，DPoS）

原理：委托权益证明机制是在权益证明机制的基础上进行改进，由代币持有者投票选出一定数量的代表节点来进行记账。代表节点负责生成区块和验证交易，其他节点可以对代表节点进行监督。

优点：交易确认时间短，效率高。同时，通过代表节点的选举，可以提高系统的安全性和稳定性。

缺点：可能存在代表节点被攻击或操纵的风险。此外，代表节点的选举过程可能会受到利益集团的影响。

3. 共识机制的选择与优化

（1）考虑因素

在选择共识机制时，需要考虑多个因素，包括安全性、效率、可扩展性、去中心化程度等。不同的应用场景可能需要不同的共识机制，因此需要根据实际情况进行选择。

（2）优化方向

为了提高共识机制的性能和适用性，可以从以下几个方面进行优化：

① 提高安全性

加强共识机制的安全性，防止恶意攻击和篡改行为。可以采用多重签名、零知识证明等技术来提高安全性。

② 提高效率

优化共识机制的算法和流程，提高交易确认速度和吞吐量。可以采用分片技术、并行处理等方式来提高效率。

③ 增强可扩展性

随着区块链系统的不断发展，需要提高共识机制的可扩展性，以满足大规模应用的需求。可以采用侧链技术、跨链技术等方式来增强可扩展性。

④ 平衡去中心化程度

在保证系统安全性和效率的前提下，尽量提高去中心化程度，避免权力集中。可以通过调整共识机制的参数和规则，来平衡去中心化程度。

（三）加密算法

1. 概念与分类

（1）定义

加密算法是一种用于保护数据安全的技术手段。在区块链系统中，加密算法主要用于保证交易信息的保密性、完整性和真实性。

（2）分类

对称加密算法：对称加密算法是一种使用相同密钥进行加密和解密的算法。常见的对称加密算法有 AES、DES 等。

非对称加密算法：非对称加密算法是一种使用公钥和私钥进行加密和解

密的算法。公钥可以公开，用于加密信息；私钥只有持有者知道，用于解密信息。常见的非对称加密算法有 RSA、ECC 等。

2. 在区块链中的应用

（1）交易信息加密

使用对称加密算法或非对称加密算法对交易信息进行加密，确保交易信息在传输过程中的保密性。只有拥有相应密钥的节点才能解密交易信息，查看其内容。

（2）数字签名

使用非对称加密算法中的私钥对交易信息进行数字签名，确保交易信息的真实性和完整性。接收方可以使用发送方的公钥对数字签名进行验证，确保交易信息没有被篡改。

（3）地址生成

使用非对称加密算法生成公钥和私钥，进而生成区块链地址。区块链地址是用户在区块链系统中的唯一标识，用于接收和发送交易。

3. 加密算法的安全性与挑战

（1）安全性

加密算法的安全性是区块链系统安全的重要保障。目前，主流的加密算法在理论上是安全的，但在实际应用中可能会受到各种攻击的威胁，如暴力破解、量子计算攻击等。

（2）挑战

量子计算的威胁：随着量子计算技术的发展，传统的加密算法可能会面临被破解的风险。因此，需要研究和开发抗量子计算的加密算法，以确保区块链系统的安全。

密钥管理：密钥的生成、存储和使用是加密算法中的关键环节。如果密钥管理不当，可能会导致密钥泄露，从而危及区块链系统的安全。因此，需要建立完善的密钥管理机制，确保密钥的安全。

（四）智能合约

1. 概念与特点

（1）定义

智能合约是一种基于区块链技术的自动化合约。它是一段由代码组成的程序，能够在满足特定条件时自动执行合约条款。

（2）特点

自动执行：智能合约一旦部署到区块链上，就会在满足条件时自动执行，无须人工干预。这提高了合约的执行效率和可靠性。

不可篡改：智能合约的代码和执行结果都被记录在区块链上，不可篡改。这保证了合约的公正性和透明度。

去中心化：智能合约的执行不依赖于单一的中心化机构，而是由区块链网络中的多个节点共同执行。这提高了合约的安全性和抗风险能力。

2. 工作原理

（1）编写合约

开发者使用特定的编程语言编写智能合约代码，定义合约的条款和执行逻辑。

（2）部署合约

将编写好的智能合约代码部署到区块链上。部署过程需要消耗一定的区块链资源，如 gas（以太坊中的燃料）。

（3）触发合约

当满足合约中定义的条件时，智能合约会被自动触发执行。例如，当一笔交易满足特定的金额和时间条件时，智能合约会自动执行转账操作。

（4）执行合约

智能合约被触发后，会按照预先定义的执行逻辑进行执行。执行过程中，合约会读取区块链上的数据，并对数据进行处理和操作。

（5）结果记录

智能合约的执行结果会被记录在区块链上，供所有节点查看和验证。

二、区块链技术的特点

（一）去中心化

1. 概念与内涵

（1）定义

去中心化是指区块链系统中不存在单一的中心控制机构，而是由众多节点共同参与维护和管理。每个节点都具有平等的地位和权利，共同对区块链上的交易进行验证和记录。

（2）特点

分布式网络结构：区块链采用分布式网络结构，各个节点通过互联网相互连接。这种结构使得系统具有高度的容错性和抗攻击性，即使部分节点出现故障或受到攻击，整个系统仍能正常运行。

无中心控制机构：与传统的中心化系统不同，区块链系统中没有一个中心控制机构来决定交易的有效性和记账权。所有节点通过共识机制共同决定交易的合法性，并竞争记账权。

平等参与和决策：在区块链系统中，每个节点都可以参与交易的验证和记录，并且具有平等的决策权。这种平等参与的机制保证了系统的公平性和民主性。

2. 实现方式

（1）分布式账本技术

分布式账本是区块链技术的核心组成部分。它是由多个节点共同维护的一个账本，每个节点都保存着完整的账本副本。当一笔交易发生时，交易信息会被广播到网络中的所有节点，每个节点都会对交易信息进行验证和记录。通过这种方式，实现了账本的去中心化存储和管理。

（2）共识机制

共识机制是区块链系统中用于达成一致的算法或协议。在去中心化的环境中，各个节点需要通过共识机制来确定交易的有效性和记账权。常见的共识机制有工作量证明（PoW）、权益证明（PoS）、委托权益证明（DPoS）等。这些共识机制通过不同的方式保证了节点之间的一致性和公正性。

（3）加密技术

加密技术在区块链系统中起着重要的作用。它通过对交易信息进行加密和数字签名，保证了交易的安全性和真实性。同时，加密技术还用于保护节点的身份和隐私，防止节点被恶意攻击和篡改。

3. 对各领域的影响

（1）金融领域

在金融领域，去中心化的区块链技术可以去除传统金融机构中的中间环节，降低交易成本，提高交易效率。例如，通过区块链技术可以实现跨境支付的快速、安全和低成本，避免了传统银行间清算的烦琐流程和高额费用。

（2）供应链管理

在供应链管理中，去中心化的区块链技术可以实现供应链上各个环节的信息共享和追溯。通过将供应链上的交易信息记录在区块链上，各个参与方可以实时查看货物的流转情况和交易记录，提高供应链的透明度和可追溯性。

（3）物联网

在物联网领域，去中心化的区块链技术可以解决设备之间的信任问题，实现设备之间的安全通信和协作。通过将物联网设备连接到区块链上，设备可以通过区块链进行身份认证和数据交换，提高物联网的安全性和可靠性。

（二）不可篡改

1. 概念与内涵

（1）定义

不可篡改是指区块链上的交易记录一旦被确认并添加到区块链中，就无法被修改或删除。这是由于区块链采用了分布式账本技术和加密技术，使得交易记录具有高度的安全性和可靠性。

（2）特点

数据完整性：区块链上的交易记录是完整的，包含了交易的所有信息，如交易双方的身份、交易金额、交易时间等。这些信息一旦被记录在区块链上，就无法被篡改或删除，保证了数据的完整性。

历史可追溯性：区块链上的交易记录是按照时间顺序依次添加的，形成了一个不可篡改的历史记录。通过这个历史记录，可以追溯到任何一笔交易的来源和去向，保证了交易的可追溯性。

安全性高：由于区块链上的交易记录无法被篡改，因此具有很高的安全性。即使部分节点被攻击或篡改，其他节点仍然可以通过共识机制来验证交易的合法性，保证整个系统的安全性。

2. 实现方式

（1）哈希算法

哈希算法是一种将任意长度的输入数据映射为固定长度输出数据的算法。在区块链中，每个区块都包含了前一个区块的哈希值，通过这种方式形成了一个链式结构。如果有人试图篡改某个区块中的交易记录，那么这个区块的哈希值就会发生变化，从而导致后续所有区块的哈希值都发生变化。因此，要篡改区块链上的交易记录，就必须同时篡改所有后续区块的哈希值，这在实际操作中是几乎不可能的。

（2）分布式账本技术

分布式账本技术使得区块链上的交易记录被存储在多个节点上，每个节点都保存着完整的账本副本。如果有人试图篡改某个节点上的交易记录，那么其他节点可以通过共识机制来发现并拒绝这个被篡改的节点。因此，要篡改区块链上的交易记录，就必须同时篡改所有节点上的账本副本，这在实际操作中也是非常困难的。

（3）共识机制

共识机制是区块链系统中用于达成一致的算法或协议。在共识机制的作用下，各个节点需要对交易记录进行验证和确认，只有当大多数节点都认可某个交易记录时，这个交易记录才能被添加到区块链中。因此，要篡改区块链上的交易记录，就必须控制大多数节点，这在实际操作中是非常困难的。

3. 对各领域的影响

（1）金融领域

在金融领域，不可篡改的区块链技术可以保证交易记录的真实性和可靠性，防止欺诈和篡改行为。例如，在证券交易中，区块链技术可以实现交易的实时结算和清算，避免了传统证券交易中的中间环节和风险。

（2）供应链管理

在供应链管理中，不可篡改的区块链技术可以实现供应链上各个环节的信息追溯和防伪溯源。通过将供应链上的交易信息记录在区块链上，各个参与方可以实时查看货物的流转情况和交易记录，防止假冒伪劣产品的流通。

（3）知识产权保护领域

在知识产权保护领域，不可篡改的区块链技术可以实现知识产权的登记、交易和维权。通过将知识产权的相关信息记录在区块链上，可以保证知识产权的真实性和唯一性，防止知识产权被侵权和篡改。

（三）安全可靠

1. 概念与内涵

（1）定义

安全可靠是指区块链系统具有高度的安全性和可靠性，能够保护用户的资产和隐私，防止系统被攻击和篡改。

（2）特点

加密技术保障：区块链采用了先进的加密技术，如非对称加密、哈希算法等，对交易信息进行加密和数字签名，保证了交易的安全性和真实性。同时，加密技术还用于保护节点的身份和隐私，防止节点被恶意攻击和篡改。

分布式网络结构：区块链的分布式网络结构使得系统具有高度的容错性和抗攻击性。即使部分节点出现故障或受到攻击，整个系统仍能正常运行。同时，分布式网络结构还使得攻击者难以集中攻击某个特定的节点，提高了系统的安全性。

共识机制保证：共识机制是区块链系统中用于达成一致的算法或协议。在共识机制的作用下，各个节点需要对交易记录进行验证和确认，只有当大多数节点都认可某个交易记录时，这个交易记录才能被添加到区块链中。因此，共识机制保证了区块链系统的安全性和可靠性。

2. 实现方式

（1）加密技术

区块链采用了多种加密技术，如非对称加密、哈希算法、数字签名等，对交易信息进行加密和数字签名，保证了交易的安全性和真实性。非对称加密技术用于保护用户的私钥和交易信息的保密性，哈希算法用于保证交易记录的完整性和不可篡改性，数字签名用于保证交易的真实性和不可抵赖性。

（2）分布式账本技术

分布式账本技术使得区块链上的交易记录被存储在多个节点上，每个节点都保存着完整的账本副本。如果某个节点被攻击或篡改，其他节点可以通过共识机制来发现并拒绝这个被篡改的节点。因此，分布式账本技术提高了区块链系统的安全性和可靠性。

（3）共识机制

共识机制是区块链系统中用于达成一致的算法或协议。常见的共识机制有工作量证明（PoW）、权益证明（PoS）、委托权益证明（DPoS）等。这些共识机制通过不同的方式保证了节点之间的一致性和公正性，提高了区块链系统的安全性和可靠性。

3. 对各领域的影响

（1）金融领域

在金融领域，安全可靠的区块链技术可以保护用户的资产和隐私，防止金融欺诈和黑客攻击。例如，在数字货币交易中，区块链技术可以实现交易的匿名性和安全性，保护用户的资产不受损失。

（2）供应链管理

在供应链管理中，安全可靠的区块链技术可以保证供应链上各个环节的信息安全和可靠性，防止信息被篡改和泄露。例如，在食品供应链中，区块链技术可以实现食品的追溯和防伪溯源，保证食品的安全和质量。

（3）物联网领域

在物联网领域，安全可靠的区块链技术可以解决设备之间的信任问题，实现设备之间的安全通信和协作。例如，在智能家居中，区块链技术可以实现设备的身份认证和数据加密，保护用户的隐私和安全。

（四）透明公开

1. 概念与内涵

（1）定义

透明公开是指区块链上的交易记录对所有节点都是可见的，任何人都可以查看区块链上的交易记录和账本信息。

（2）特点

数据公开透明：区块链上的交易记录是公开透明的，任何人都可以通过区块链浏览器等工具查看交易记录和账本信息。这种公开透明的特点保证了交易的公正性和透明度，防止了暗箱操作和欺诈行为。

交易可追溯性：由于区块链上的交易记录是按照时间顺序依次添加的，形成了一个不可篡改的历史记录。通过这个历史记录，可以追溯到任何一笔交易的来源和去向，保证了交易的可追溯性。

信任机制建立：透明公开的交易记录使得区块链系统建立了一种信任机制。在这种信任机制下，各个节点不需要相互信任，只需要信任区块链上的交易记录和共识机制。这种信任机制降低了交易成本，提高了交易效率。

2. 实现方式

（1）分布式账本技术

分布式账本技术使得区块链上的交易记录被存储在多个节点上，每个节点都保存着完整的账本副本。因此，任何人都可以通过访问任何一个节点来查看区块链上的交易记录和账本信息。

（2）共识机制

共识机制保证了区块链上的交易记录的一致性和公正性。在共识机制的作用下，各个节点需要对交易记录进行验证和确认，只有当大多数节点都认可某个交易记录时，这个交易记录才能被添加到区块链中。因此，共识机制保证了区块链上的交易记录的真实性和可靠性。

（3）区块链浏览器

区块链浏览器是一种用于查看区块链上的交易记录和账本信息的工具。通过区块链浏览器，任何人都可以方便地查看区块链上的交易记录、区块高度、交易哈希值等信息。

3. 对各领域的影响

（1）金融领域

在金融领域，透明公开的区块链技术可以提高金融市场的透明度和公正性，防止金融欺诈和内幕交易。例如，在证券交易中，区块链技术可以实现交易的实时结算和清算，提高交易的透明度和公正性。

（2）供应链管理

在供应链管理中，透明公开的区块链技术可以实现供应链上各个环节的信息共享和追溯。通过将供应链上的交易信息记录在区块链上，各个参与方可以实时查看货物的流转情况和交易记录，提高供应链的透明度和可追溯性。

（3）政务领域

在政务领域，透明公开的区块链技术可以提高政务服务的透明度和公正性，防止腐败和权力滥用。例如，在政府采购中，区块链技术可以实现采购过程的公开透明，提高采购的公正性和效率。

（五）高效便捷

1. 概念与内涵

（1）定义

高效便捷是指区块链系统具有高效的交易处理能力和便捷的用户体验，能够快速完成交易并提供方便的服务。

（2）特点

交易处理速度快：区块链系统采用了分布式账本技术和共识机制，使得交易可以在短时间内得到确认和记录。与传统的中心化系统相比，区块链系统的交易处理速度更快，能够满足大规模交易的需求。

用户体验好：区块链系统提供了便捷的用户体验，用户可以通过手机、电脑等设备随时随地进行交易和查询。同时，区块链系统的交易费用较低，用户可以节省交易成本。

自动化程度高：区块链系统采用了智能合约技术，使得交易可以自动执行，无须人工干预。这种自动化程度高的特点提高了交易的效率和准确性，降低了交易风险。

2. 实现方式

（1）分布式账本技术

分布式账本技术使得区块链上的交易记录可以被多个节点同时处理，提高了交易处理速度。同时，分布式账本技术还可以实现交易的并行处理，进一步提高交易处理速度。

（2）共识机制优化

通过优化共识机制，可以提高区块链系统的交易处理速度和吞吐量。例如，采用权益证明（PoS）、委托权益证明（DPoS）等共识机制，可以减少节点的计算量和能源消耗，提高交易处理速度。

（3）智能合约技术

智能合约技术使得交易可以自动执行，无须人工干预。智能合约可以根据预设的条件自动触发交易，提高了交易的效率和准确性。同时，智能合约还可以实现复杂的业务逻辑，为用户提供更加便捷的服务。

3. 对各领域的影响

（1）金融领域

在金融领域，高效便捷的区块链技术可以提高金融服务的效率和质量，降低金融服务的成本。例如，在跨境支付中，区块链技术可以实现快速、低成本的支付，提高支付的效率和便捷性。

（2）供应链管理

在供应链管理中，高效便捷的区块链技术可以实现供应链上各个环节的信息共享和协同，提高供应链的效率和响应速度。例如，在物流管理中，区块链技术可以实现货物的实时跟踪和追溯，提高物流的效率和准确性。

（3）电子商务领域

在电子商务领域，高效便捷的区块链技术可以提高交易的安全性和便捷性，降低交易成本。例如，在电子商务平台中，区块链技术可以实现商品的溯源和防伪，提高消费者的信任度和购买意愿。

第二节　确保交易安全与数据隐私保护的机制

一、交易安全与数据隐私保护的重要性

（一）保障个人权益

1. 保护个人财产安全

（1）电子交易中的风险

在电子交易中，个人的财产安全面临着诸多风险。例如，网络诈骗分子可能通过伪造网站、发送钓鱼邮件等方式，骗取个人的银行账户信息、密码等敏感数据，进而盗取个人财产。此外，黑客攻击也可能导致电子支付系统出现漏洞，使个人的资金被非法转移。

（2）交易安全与数据隐私保护的作用

通过加强交易安全和数据隐私保护，可以有效降低电子交易中的风险。例如，采用加密技术对交易数据进行加密传输，防止数据被窃取；建立严格的身份认证机制，确保只有合法用户才能进行交易；加强对电子支付系统的

安全防护，防止黑客攻击等。这些措施可以保障个人的财产安全，让人们在进行电子交易时更加放心。

2. 维护个人名誉权

（1）数据泄露对名誉权的影响

当个人数据被泄露时，可能会对个人的名誉权造成严重影响。例如，个人的身份信息、联系方式、购物记录等被泄露后，可能会被不法分子用于诈骗、骚扰等活动，给个人带来不良影响。此外，个人的医疗记录、财务状况等敏感数据被泄露后，可能会被他人恶意传播，损害个人的名誉。

（2）交易安全与数据隐私保护的意义

加强交易安全和数据隐私保护，可以有效防止个人数据被泄露，从而维护个人的名誉权。通过建立完善的数据安全管理制度，加强对数据的存储、传输和使用等环节的安全防护，可以确保个人数据的安全性和保密性。同时，对于数据泄露事件，应及时采取措施进行处理，如通知用户、修复漏洞、追究责任等，以减少对个人名誉权的损害。

3. 保护个人隐私权

（1）现代社会中个人隐私权的重要性

在现代社会中，个人隐私权越来越受到人们的重视。个人的隐私包括个人的身份信息、通信内容、生活习惯、健康状况等，这些信息涉及个人的尊严和自由。如果个人隐私权得不到保护，个人将面临被监视、被骚扰、被侵犯的风险，生活将失去安全感。

（2）交易安全与数据隐私保护的必要性

交易安全和数据隐私保护是保护个人隐私权的重要手段。在电子交易中，个人的隐私信息可能会被收集、存储和使用，如果这些信息得不到妥善保护，个人隐私权将受到严重侵犯。因此，加强交易安全和数据隐私保护，对于保护个人隐私权至关重要。通过采用隐私保护技术，如匿名化处理、数据加密等，可以有效保护个人的隐私信息，防止其被非法获取和使用。

（二）维护企业信誉

1. 确保客户信任

（1）客户信任对企业的重要性

在市场经济中，客户信任是企业生存和发展的基础。客户只有在信任企业的情况下，才会选择购买企业的产品或服务。如果企业的交易安全和数据隐私保护措施不到位，客户的个人信息和交易数据可能会被泄露，这将严重损害客户对企业的信任。

（2）交易安全与数据隐私保护的作用

加强交易安全和数据隐私保护，可以增强客户对企业的信任。通过建立完善的安全管理体系，确保客户的个人信息和交易数据得到妥善保护，可以让客户感到放心。同时，企业还可以通过公开透明的方式，向客户展示自己的安全措施和数据管理政策，增强客户对企业的信任度。

2. 避免法律风险

（1）数据泄露可能引发的法律问题

如果企业发生数据泄露事件，可能会面临严重的法律风险。根据相关法律法规，企业有责任保护客户的个人信息和交易数据，如果企业未能履行这一责任，可能会被追究法律责任。此外，数据泄露事件还可能引发客户的集体诉讼，给企业带来巨大的经济损失。

（2）交易安全与数据隐私保护的意义

加强交易安全和数据隐私保护，可以有效避免企业面临的法律风险。通过建立健全的数据安全管理制度，加强对数据的安全防护，可以降低数据泄露的风险。同时，企业还应了解相关法律法规，及时调整自己的数据管理政策和安全措施，确保企业的行为符合法律要求。

3. 提升企业竞争力

（1）交易安全与数据隐私保护对企业竞争力的影响

在当今竞争激烈的市场环境中，交易安全和数据隐私保护已成为企业提升竞争力的重要因素。客户在选择产品或服务时，越来越注重企业的交易安全和数据隐私保护能力。如果企业能够提供安全可靠的交易环境和完善的数据隐私保护措施，将吸引更多的客户，提升企业的市场份额。

（2）企业应采取的措施

为了提升企业的竞争力，企业应采取一系列措施加强交易安全和数据隐私保护。例如，加大对安全技术的投入，采用先进的加密技术、身份认证技术等，确保交易数据的安全传输和存储；加强对员工的安全培训，提高员工的安全意识和数据保护能力；建立应急响应机制，及时处理数据泄露事件等。

（三）促进经济发展

1. 推动电子商务发展

（1）电子商务对经济发展的重要性

电子商务作为一种新型的商业模式，已经成为推动经济发展的重要力量。电子商务的发展可以促进商品流通、降低交易成本、提高经济效率，同时还可以创造就业机会、促进产业升级。

（2）交易安全与数据隐私保护的作用

交易安全和数据隐私保护是电子商务发展的基础。如果电子商务平台的交易安全和数据隐私保护措施不到位，消费者将不敢在网上进行购物，这将严重制约电子商务的发展。因此，加强交易安全和数据隐私保护，可以为电子商务的发展创造良好的环境，推动电子商务的快速发展。

2. 促进金融创新

（1）金融创新对经济发展的意义

金融创新是推动经济发展的重要动力。金融创新可以提高金融资源的配置效率、降低金融风险、满足不同客户的需求，同时还可以促进金融市场的发展和完善。

（2）交易安全与数据隐私保护的重要性

在金融创新中，交易安全和数据隐私保护至关重要。例如，互联网金融、移动支付等新型金融服务的发展，离不开交易安全和数据隐私保护的支持。如果这些金融服务的交易安全和数据隐私保护措施不到位，将带来巨大的风险，也会影响金融创新的发展。因此，加强交易安全和数据隐私保护，可以为金融创新创造良好的环境，促进金融创新的健康发展。

3. 提升国家竞争力

（1）交易安全与数据隐私保护对国家竞争力的影响

在全球经济一体化的背景下，交易安全和数据隐私保护已成为国家竞争力的重要组成部分。一个国家如果能够建立完善的交易安全和数据隐私保护体系，将吸引更多的国际投资和贸易，提升国家的经济实力和国际地位。

（2）国家应采取的措施

为了提升国家竞争力，国家应采取一系列措施加强交易安全和数据隐私保护。例如，制定完善的法律法规，加强对交易安全和数据隐私保护的监管；

加大对安全技术研发的投入，推动安全技术的创新和应用；加强国际合作，共同应对全球性的交易安全和数据隐私保护挑战等。

二、确保交易安全与数据隐私保护的机制

（一）技术手段

1. 加密技术

（1）对称加密与非对称加密

对称加密是指使用相同的密钥进行加密和解密的技术。其优点是加密和解密速度快，适合对大量数据进行加密。常见的对称加密算法有 AES、DES 等。非对称加密则是使用一对密钥，即公钥和私钥，进行加密和解密。公钥可以公开，用于加密数据；私钥只有所有者知道，用于解密数据。非对称加密的安全性较高，但加密和解密速度相对较慢。常见的非对称加密算法有 RSA、ECC 等。

（2）哈希函数

哈希函数是一种将任意长度的输入数据转换为固定长度输出数据的技术。其特点是输入数据的微小变化会导致输出数据的巨大变化，且无法通过输出数据反推出输入数据。哈希函数常用于数据完整性校验和数字签名等领域。常见的哈希算法有 MD5、SHA－1、SHA－256 等。

（3）加密技术在交易安全与数据隐私保护中的应用

在交易过程中，加密技术可以用于保护交易数据的机密性。例如，使用对称加密算法对交易数据进行加密，然后使用非对称加密算法对对称密钥进行加密，确保只有合法的接收方才能解密交易数据。此外，哈希函数可以用于验证交易数据的完整性，防止数据在传输过程中被篡改。

2. 身份认证技术

（1）用户名和密码认证

用户名和密码认证是最常见的身份认证方式。用户在登录系统时，需要输入正确的用户名和密码才能获得访问权限。为了提高安全性，密码通常需要设置一定的复杂度，如包含字母、数字和特殊字符等。此外，还可以采用多因素认证，如结合手机验证码、指纹识别等方式，进一步增强身份认证的安全性。

（2）生物特征认证

生物特征认证是利用人体的生理特征或行为特征进行身份认证的技术。常见的生物特征认证方式有指纹识别、面部识别、虹膜识别等。生物特征认证具有唯一性、稳定性和难以伪造等优点，但其也存在一些问题，如生物特征数据的安全性、隐私保护等。

（3）数字证书认证

数字证书认证是一种基于公钥基础设施（PKI）的身份认证方式。数字证书是由权威机构颁发的，包含了用户的公钥、身份信息等内容。在交易过程中，用户可以使用数字证书对自己的身份进行认证，确保交易的真实性和合法性。

（4）身份认证技术在交易安全与数据隐私保护中的应用

身份认证技术可以确保只有合法的用户才能进行交易，防止非法用户的入侵和欺诈行为。同时，身份认证技术还可以用于保护用户的个人信息和数据隐私，防止用户的身份被冒用和数据被窃取。

3. 访问控制技术

（1）自主访问控制（DAC）

自主访问控制是一种基于用户身份和权限的访问控制方式。在 DAC 中，用户可以自主决定是否将自己的资源授权给其他用户访问。DAC 的优点是灵活性高，但安全性相对较低，容易受到权限滥用和攻击。

（2）强制访问控制（MAC）

强制访问控制是一种基于安全级别和标签的访问控制方式。在 MAC 中，系统根据用户和资源的安全级别和标签来决定用户是否有权访问资源。MAC 的安全性较高，但灵活性相对较低，管理难度较大。

（3）基于角色的访问控制（RBAC）

基于角色的访问控制是一种将用户与角色相联系，通过角色来控制用户对资源的访问权限的访问控制方式。在 RBAC 中，用户被分配到不同的角色，每个角色具有特定的权限。RBAC 的优点是灵活性高、安全性好、管理方便，是目前应用最广泛的访问控制方式之一。

（4）访问控制技术在交易安全与数据隐私保护中的应用

访问控制技术可以确保只有授权的用户才能访问交易系统和数据资源，防止未经授权的访问和数据泄露。同时，访问控制技术还可以根据用户的角色和权限，对用户的操作进行限制和审计，确保交易的合规性和安全性。

4. 数据备份与恢复技术

（1）数据备份的重要性

数据备份是指将重要的数据复制到其他存储设备或介质上，以防止数据丢失或损坏。在交易系统中，数据备份是非常重要的，因为交易数据一旦丢失或损坏，可能会给企业和用户带来巨大的损失。

（2）数据备份的方法

数据备份的方法有很多种，常见的有完全备份、增量备份和差异备份等。完全备份是指将所有的数据都进行备份，备份时间较长，但恢复数据时比较方便。增量备份是指只备份自上一次备份以来发生变化的数据，备份时间较短，但恢复数据时需要依次恢复多个备份文件。差异备份是指只备份自上一次完全备份以来发生变化的数据，备份时间和恢复时间都介于完全备份和增量备份之间。

（3）数据恢复技术

数据恢复是指在数据丢失或损坏后，将备份的数据恢复到原始状态的技术。数据恢复技术需要根据不同的数据备份方法和数据损坏情况，选择合适的恢复策略和工具。在进行数据恢复时，需要注意数据的完整性和一致性，确保恢复后的数据能够正常使用。

（4）数据备份与恢复技术在交易安全与数据隐私保护中的应用

数据备份与恢复技术可以确保在交易系统出现故障或数据丢失时，能够及时恢复数据，保证交易的连续性和数据的安全性。同时，数据备份与恢复技术还可以用于防止数据被恶意篡改和删除，提高数据的可靠性和可用性。

（二）管理措施

1. 建立完善的安全管理制度

（1）安全策略制定

企业应制定明确的安全策略，包括交易安全和数据隐私保护的目标、原则和措施等。安全策略应根据企业的业务需求和风险状况进行制定，并定期进行评估和调整。

（2）安全组织架构

建立完善的安全组织架构，明确各部门和人员的安全职责和权限。安全组织架构应包括安全管理部门、安全技术部门、业务部门等，各部门之间应密切配合，共同做好交易安全和数据隐私保护工作。

（3）安全培训与教育

加强对员工的安全培训与教育，提高员工的安全意识和技能。安全培训与教育应包括安全政策、安全技术、安全管理等方面的内容，并定期进行考核和评估。

（4）安全审计与监督

建立健全的安全审计与监督机制，对交易系统和数据资源进行定期审计和监督，发现安全隐患及时进行整改。安全审计与监督应包括内部审计和外部审计，内部审计由企业内部的安全管理部门进行，外部审计由专业的安全审计机构进行。

2. 加强内部人员管理

（1）人员背景调查

在招聘员工时，应进行严格的人员背景调查，确保员工的身份真实、可靠，没有不良记录。对于涉及交易安全和数据隐私保护的关键岗位，应进行更加严格的背景调查。

（2）权限管理

建立严格的权限管理制度，根据员工的岗位和职责，合理分配权限。对于敏感数据和关键业务操作，应实行双人或多人审批制度，防止权限滥用和数据泄露。

（3）离职管理

加强对员工离职的管理，在员工离职时，应及时收回其权限，清理其使用的设备和数据，防止离职员工带走企业的敏感信息和数据。

（4）行为审计

对员工的行为进行审计，监控员工的操作行为和访问记录，发现异常行为及时进行调查和处理。行为审计应包括网络访问记录、数据库操作记录、文件访问记录等方面的内容。

3. 强化供应链安全管理

（1）供应商评估与选择

在选择供应商时，应进行严格的评估和选择，确保供应商的产品和服务符合企业的安全要求。供应商评估应包括供应商的安全管理体系、技术实力、信誉度等方面的内容。

（2）合同管理

与供应商签订安全合同，明确双方的安全责任和义务。安全合同应包括数据保护、安全事件响应、安全审计等方面的内容。

（3）供应链监控

对供应链进行监控，及时发现和处理供应链中的安全风险。供应链监控应包括供应商的安全状况、产品和服务的质量、交付时间等方面的内容。

（4）应急响应

建立供应链安全应急响应机制，在发生安全事件时，能够及时响应和处理，降低安全事件对企业的影响。应急响应机制应包括应急预案制定、应急演练、应急处置等方面的内容。

（三）法律法规

1. 国内法律法规

（1）《中华人民共和国网络安全法》

《中华人民共和国网络安全法》是我国第一部全面规范网络空间安全管理的基础性法律。该法明确了网络运营者的安全保护义务，规定了网络产品和服务提供者的安全责任，加强了对个人信息的保护，明确了网络安全监管体制等。《中华人民共和国网络安全法》的实施，为我国的网络安全和数据隐私保护提供了有力的法律保障。

（2）《中华人民共和国数据安全法》

《中华人民共和国数据安全法》是我国数据领域的基础性法律。该法明确了数据安全保护的范围和原则，规定了数据处理者的安全保护义务，加强了对重要数据的保护，明确了数据安全监管体制等。《中华人民共和国数据安全法》的实施，将进一步加强我国的数据安全保护，促进数据的合理利用。

（3）《中华人民共和国个人信息保护法》

《中华人民共和国个人信息保护法》是我国第一部专门针对个人信息保护的法律。该法明确了个人信息处理的规则和原则，规定了个人信息处理者的义务和责任，加强了对个人信息的保护，明确了个人信息保护的监管体制等。《中华人民共和国个人信息保护法》的实施，将为我国的个人信息保护提供更加有力的法律保障。

2. 国际法律法规

(1) GDPR（《通用数据保护条例》）

GDPR 是欧盟制定的一项关于数据保护的法规。该法规对个人数据的收集、使用、存储和处理等方面进行了严格的规定，加强了对个人数据的保护。GDPR 的实施，对全球的数据隐私保护产生了深远的影响。

(2) CCPA（《加利福尼亚消费者隐私法案》）

CCPA 是美国加利福尼亚州制定的一项关于消费者隐私保护的法规。该法规赋予了消费者对个人数据的更多控制权，加强了对企业的数据隐私保护要求。CCPA 的实施，对美国其他州和全球的数据隐私保护也产生了一定的影响。

3. 法律法规在交易安全与数据隐私保护中的作用

(1) 明确责任与义务

法律法规明确了企业和个人在交易安全与数据隐私保护中的责任和义务，为交易安全和数据隐私保护提供了法律依据。企业和个人必须遵守法律法规的规定，采取有效的措施保护交易安全和数据隐私。

(2) 加强监管与执法

法律法规加强了对交易安全和数据隐私保护的监管和执法力度，对违法行为进行严厉打击。监管部门可以依据法律法规对企业和个人进行监督检查，对违法行为进行处罚，保障交易安全和数据隐私。

(3) 促进国际合作

法律法规促进了国际间在交易安全和数据隐私保护方面的合作。各国可以通过制定和实施统一的法律法规，加强国际间的信息交流和合作，共同应对全球性的交易安全和数据隐私保护挑战。

第三节 区块链对打击假冒伪劣的意义

一、假冒伪劣商品的现状及危害

(一) 假冒伪劣商品的现状

1. 全球范围内的泛滥程度

在当今全球化的时代，假冒伪劣商品如同一场无法遏制的瘟疫，在世界各个角落肆意蔓延。从繁华的国际大都市到偏远的乡村地区，几乎没有一个地方能够幸免于假冒伪劣商品的侵袭。据国际商会估计，全球每年假冒伪劣商品的贸易额高达数千亿美元，约占全球贸易总额的 5% 至 7%。这个惊人的数字背后，是无数消费者的权益受到侵害，以及正规企业的生存面临巨大挑战。

在发达国家，尽管有着相对完善的法律法规和监管体系，但假冒伪劣商品依然屡禁不止。例如，在欧洲一些国家，假冒的奢侈品、化妆品和电子产品等充斥着市场。一些不法分子利用先进的技术手段，制造出与正品几乎难以分辨的假冒商品，通过各种渠道流入市场，欺骗消费者。而在美国，假冒药品、汽车零部件和软件等问题也日益严重，给消费者的健康和安全带来了极大的风险。

在发展中国家，假冒伪劣商品的泛滥情况更加严峻。由于经济发展水平相对较低，监管力度不足，消费者的辨别能力较弱等原因，假冒伪劣商品在这些国家的市场份额往往更高。在一些亚洲和非洲国家，假冒伪劣的食品、药品、服装和日用品等随处可见。这些假冒商品不仅质量低劣，而且可能存在严重的安全隐患，对消费者的生命健康构成了直接威胁。

2. 涉及的行业领域广泛

假冒伪劣商品几乎涉及了所有的行业领域，给各个行业的发展带来了巨大的冲击。

（1）奢侈品行业

奢侈品一直是假冒伪劣商品的重灾区。名牌手表、包包、服装、香水等奢侈品因其高昂的价格和独特的品牌价值，成了不法分子仿冒的主要目标。这些假冒奢侈品通常在外观上与正品极为相似，但在材质、工艺和质量上却相差甚远。消费者往往难以辨别真伪，一旦购买到假冒奢侈品，不仅损失了大量的金钱，还可能因为质量问题而遭受各种损失。例如，假冒的名牌手表可能走时不准，甚至出现故障；假冒的名牌包包可能材质低劣，容易损坏。

（2）药品行业

假冒伪劣药品是对人类生命健康的严重威胁。一些不法分子为了牟取暴利，制造和销售假冒的药品，这些药品可能没有任何疗效，甚至可能含有有害物质，对患者的身体造成极大的伤害。在一些发展中国家，由于药品监管体系不完善，假冒伪劣药品的问题尤为突出。据世界卫生组织估计，全球每年有数十万人因为服用假冒伪劣药品而死亡或受到严重伤害。

（3）食品行业

食品是人们生活的必需品，然而假冒伪劣食品的存在却让人们的饮食安全面临巨大的风险。假冒伪劣食品可能包括过期食品重新包装销售、添加非法添加剂、以次充好等情况。这些食品不仅口感差，而且可能会引起食物中毒、过敏等问题，对消费者的身体健康造成严重危害。例如，一些假冒伪劣的食用油可能含有有害物质，长期食用可能会导致癌症等疾病；假冒伪劣的奶粉可能营养成分不足，影响婴幼儿的生长发育。

（4）电子产品行业

随着科技的不断进步，电子产品的市场需求日益增长，同时也成了假冒伪劣商品的热门领域。假冒的手机、电脑、相机等电子产品在外观上可能与正品相似，但在性能、质量和安全性方面却存在很大的问题。例如，假冒的手机可能电池容量不足，容易发热甚至爆炸；假冒的电脑可能硬件配置低，运行速度慢，容易出现故障。

（5）汽车零部件行业

汽车零部件的质量直接关系到汽车的安全性能，然而假冒伪劣的汽车零部件却在市场上大量流通。这些假冒零部件可能包括刹车片、轮胎、滤清器等，它们的质量无法得到保证，使用这些假冒零部件可能会导致汽车在行驶过程中出现故障，甚至引发交通事故，给驾驶者和乘客的生命安全带来严重威胁。

3. 生产和销售渠道多样化

假冒伪劣商品的生产和销售渠道呈现出多样化的特点，给打击假冒伪劣工作带来了极大的困难。

（1）地下工厂生产

一些不法分子在隐蔽的地下工厂中大量生产假冒伪劣商品。这些地下工厂通常设备简陋，生产环境恶劣，缺乏质量控制环节。他们利用廉价的原材料和劳动力，以极低的成本生产出假冒伪劣商品，然后通过各种渠道流入市场。由于地下工厂的隐蔽性强，很难被监管部门发现和查处。

（2）网络销售平台

随着电子商务的迅速发展，网络销售平台成了假冒伪劣商品的重要销售渠道。一些不法商家在网络上开设店铺，销售假冒伪劣商品。他们通过虚假宣传、低价诱惑等手段吸引消费者购买，然后通过快递等方式将商品发送给消费者。由于网络销售的虚拟性和跨地域性，监管部门很难对其进行有效的监管。此外，消费者在网络上购买商品时，往往难以辨别商品的真伪，容易上当受骗。

（3）批发市场和小商店

一些批发市场和小商店也是假冒伪劣商品的常见销售地点。这些地方的经营者为了追求利润，往往会采购和销售假冒伪劣商品。他们通常以低价吸引消费者，特别是一些低收入群体和农村地区的消费者。由于这些批发市场和小商店数量众多，分布广泛，监管部门很难对其进行全面的监管。

（4）跨境贸易

随着全球化的发展，跨境贸易日益频繁，假冒伪劣商品也通过跨境贸易渠道流入不同国家和地区。一些不法分子利用各国之间的贸易政策差异和监管漏洞，将假冒伪劣商品伪装成合法商品进行进出口贸易。这种跨境销售的假冒伪劣商品不仅给消费者带来了损失，也给各国的海关和监管部门带来了巨大的挑战。

4. 技术手段不断升级

为了逃避监管和欺骗消费者，假冒伪劣商品的生产和销售者不断采用新的技术手段，使得假冒伪劣商品越来越难以辨别。

（1）高仿技术

随着科技的进步，高仿技术越来越先进。一些假冒伪劣商品在外观、包装、标识等方面与正品几乎一模一样，甚至连专业人士都难以分辨。例如，一些假冒的名牌包包采用了与正品相同的材质和工艺，制作精细，很难从外观上看出区别。

（2）二维码和防伪标签伪造

为了提高商品的可信度，一些正规企业会在商品上设置二维码和防伪标签。然而，不法分子也开始伪造这些二维码和防伪标签，使得消费者在扫描二维码或查询防伪标签时，得到的是虚假的信息，从而误以为购买到的是正品。

（3）包装技术升级

假冒伪劣商品的包装技术也在不断升级。一些假冒商品的包装与正品的包装几乎完全相同，甚至在印刷质量、材质等方面都达到了很高的水平。这使得消费者在购买商品时，很容易被包装所迷惑，难以判断商品的真伪。

（4）利用互联网和大数据

一些不法分子利用互联网和大数据技术，收集消费者的购买习惯和偏好等信息，然后有针对性地生产和销售假冒伪劣商品。他们还通过网络广告、社交媒体等渠道进行虚假宣传，误导消费者购买假冒伪劣商品。

（二）假冒伪劣商品的危害

1. 对消费者的危害

（1）健康和安全风险

假冒伪劣商品对消费者的健康和安全构成了严重的威胁。在食品领域，假冒伪劣食品可能含有有害物质，如农药残留、重金属超标、非法添加剂等，这些物质会对人体的消化系统、神经系统、免疫系统等造成损害，引发食物中毒、过敏、癌症等疾病。在药品领域，假冒伪劣药品可能没有任何疗效，甚至可能含有有毒成分，延误患者的治疗，加重病情，甚至危及生命。在电子产品领域，假冒伪劣电子产品可能存在安全隐患，如电池爆炸、漏电等，对消费者的人身安全造成威胁。在汽车零部件领域，假冒伪劣汽车零部件可能会导致汽车在行驶过程中出现故障，引发交通事故，给消费者的生命财产带来巨大损失。

（2）经济损失

消费者购买假冒伪劣商品往往会遭受经济损失。一方面，假冒伪劣商品的价格通常较低，但质量却无法得到保证。消费者在购买这些商品后，可能会发现商品存在各种问题，需要进行维修或更换，这将增加消费者的经济负担。另一方面，一些假冒伪劣商品可能会对消费者的其他财产造成损害，如假冒伪劣的电器可能会引发火灾，烧毁消费者的房屋和财产。此外，消费者在购买假冒伪劣商品后，如果发现自己上当受骗，可能需要花费时间和精力进行维权，这也会给消费者带来一定的经济损失。

（3）心理影响

购买到假冒伪劣商品还会给消费者带来心理上的影响。消费者在购买商品时，通常希望能够获得高质量的产品和良好的服务。然而，当他们发现自己购买到的是假冒伪劣商品时，会感到失望、愤怒和无助。这种心理上的落差会影响消费者的购物体验和信心，甚至可能导致消费者对整个市场产生不信任感。此外，一些消费者可能会因为购买到假冒伪劣商品而感到羞愧和自责，认为自己没有足够的辨别能力，从而影响他们的自尊心和自信心。

2. 对企业的危害

（1）声誉和品牌形象受损

假冒伪劣商品的泛滥会严重损害企业的声誉和品牌形象。消费者在购买到假冒伪劣商品后，往往会将责任归咎于品牌企业，认为企业没有尽到质量管理和监督的责任。这种负面的评价会迅速传播，影响其他消费者对企业产品的信任度和购买意愿。企业为了挽回声誉和品牌形象，需要投入大量的资源进行公关和广告宣传，甚至可能需要进行产品召回和赔偿，这将给企业带来巨大的经济损失。

（2）市场份额下降

假冒伪劣商品的存在会抢占正规企业的市场份额。由于假冒伪劣商品的价格通常较低，一些消费者可能会因为价格因素而选择购买假冒伪劣商品，而放弃购买正规企业的产品。这将导致正规企业的销售量下降，市场份额逐渐被假冒伪劣商品蚕食。此外，假冒伪劣商品的质量问题也会影响消费者对整个行业的信任度，使得消费者对该行业的产品产生抵触情绪，进一步加剧正规企业的市场竞争压力。

（3）创新积极性受挫

企业的创新是推动经济发展的重要动力。然而，假冒伪劣商品的泛滥会严重打击企业的创新积极性。一方面，企业在研发新产品和新技术时，需要投入大量的资金和人力物力。如果这些创新成果被不法分子轻易仿冒，企业将无法获得应有的回报，这将降低企业的创新动力。另一方面，假冒伪劣商品的存在会破坏市场的公平竞争环境，使创新型企业在与假冒伪劣商品的竞争中处于劣势，从而影响企业的创新积极性和创新能力。

（4）知识产权被侵犯

假冒伪劣商品通常是对正规企业知识产权的侵犯。企业的商标、专利、版权等知识产权是企业的核心资产，是企业在市场竞争中的重要优势。然而，不法分子通过仿冒企业的商标、专利和版权等方式，生产和销售假冒伪劣商品，严重侵犯了企业的知识产权。这不仅会给企业带来经济损失，还会影响企业的创新和发展。

3. 对市场秩序的危害

（1）破坏公平竞争环境

假冒伪劣商品的存在破坏了市场的公平竞争环境。正规企业在生产经营过程中，需要遵守法律法规，投入大量的资源进行产品研发、生产、质量控制和市场营销等环节。而假冒伪劣商品的生产和销售者则通过非法手段，以低成本生产和销售假冒伪劣商品，获取暴利。这种不正当竞争行为会使正规企业在市场竞争中处于劣势，影响市场资源的合理配置，阻碍经济的健康发展。

（2）降低市场效率

假冒伪劣商品的泛滥会降低市场的效率。一方面，消费者在购买商品时，需要花费更多的时间和精力来辨别商品的真伪，这将增加交易成本，降低市场效率。另一方面，监管部门需要投入大量的资源来打击假冒伪劣商品，这也会增加社会成本，降低市场效率。此外，假冒伪劣商品的质量问题还会导致消费者的需求减少，影响市场的供求平衡，进一步降低市场效率。

（3）影响国家税收

假冒伪劣商品的生产和销售通常是非法行为，这些行为往往会逃避国家税收。一方面，假冒伪劣商品的生产和销售者通常不会按照规定缴纳增值税、所得税等各种税费，这将导致国家税收的减少。另一方面，假冒伪劣商品的泛滥会影响正规企业的生产经营，降低正规企业的纳税能力，从而进一步减少国家税收。国家税收的减少将影响国家的财政收入，影响国家对公共事业的投入和经济建设的发展。

（4）阻碍国际贸易发展

假冒伪劣商品的问题不仅在国内市场存在，也在国际贸易中日益严重。一些国家的假冒伪劣商品流入其他国家，会影响进口国的消费者权益和市场秩序，引发贸易纠纷。进口国为了保护本国消费者的利益和市场秩序，往往会采取贸易限制措施，如提高关税、加强检验检疫等，这将阻碍国际贸易的正常发展。此外，假冒伪劣商品的问题也会影响国家的国际形象和声誉，降低国家在国际贸易中的竞争力。

二、区块链技术的特点及优势

(一) 区块链技术的特点

1. 去中心化

区块链是一种去中心化的分布式账本技术，没有中央控制机构，所有节点共同维护账本的一致性。在传统的中心化系统中，如银行、证券交易所等，数据的存储和验证依赖于单一的中心服务器，一旦中心服务器出现故障或被攻击，整个系统就可能陷入瘫痪。而区块链技术则通过分布式的节点网络，将数据存储在多个节点上，每个节点都拥有完整的账本副本。这样，即使部分节点出现故障或被攻击，整个系统依然能够正常运行，大大提高了系统的可靠性和稳定性。

去中心化的特点还带来了其他好处。首先，它消除了中心化机构的垄断和权力集中，使得数据的存储和验证更加公平、透明。其次，去中心化的架构使得区块链系统更加抗审查和抗干扰，难以被单一实体控制或操纵。最后，去中心化的系统可以降低运营成本，因为不需要依赖昂贵的中心服务器和复杂的基础设施。

2. 不可篡改

区块链上的数据一旦被记录，就很难被篡改。这是因为区块链采用了密码学技术和共识机制，确保了数据的完整性和安全性。每个区块都包含了前一个区块的哈希值，形成了一个链式结构。如果要篡改某个区块的数据，就必须同时篡改该区块之后的所有区块，这在计算上是几乎不可能实现的。

不可篡改的特点对于保障数据的真实性和可信度至关重要。在金融交易、供应链管理、知识产权保护等领域，数据的真实性和可信度是至关重要的。区块链技术的不可篡改特性可以确保数据的原始性和完整性，防止数据被恶意篡改或伪造。例如，在供应链管理中，通过将商品的生产、运输、销售等环节的信息记录在区块链上，可以实现对商品的全程追溯，确保商品的来源和质量可靠。

3. 可追溯性

区块链上的每一笔交易都可以被追溯到其源头，从而实现了对数据的全程追溯。这是因为区块链上的每个区块都包含了前一个区块的哈希值和当前区块的交易信息，形成了一个完整的交易链条。通过追溯这个链条，就可以了解每一笔交易的详细情况，包括交易的时间、参与方、金额等信息。

可追溯性的特点在很多领域都有重要的应用价值。在食品安全领域，通过将食品的生产、加工、运输、销售等环节的信息记录在区块链上，可以实现对食品的全程追溯，确保食品的安全和质量。在医疗健康领域，通过将患者的病历、诊断报告、治疗记录等信息记录在区块链上，可以实现对患者医疗数据的全程追溯，提高医疗服务的质量和安全性。在知识产权保护领域，通过将作品的创作、登记、交易等信息记录在区块链上，可以实现对知识产权的全程追溯，保护创作者的合法权益。

4. 透明性

区块链上的所有交易都是公开透明的，任何节点都可以查看账本上的交易记录。这是因为区块链是一种分布式账本技术，所有节点都拥有完整的账本副本。虽然交易记录是公开透明的，但交易双方的身份信息可以通过加密技术进行保护，确保交易的隐私性。

透明性的特点可以提高市场的信任度和效率。在金融交易领域，公开透明的交易记录可以减少信息不对称，降低交易风险，提高市场的效率。在供应链管理领域，透明的交易记录可以让供应链上的各个参与方了解货物的流转情况，提高供应链的协同效率。在政府治理领域，公开透明的区块链账本可以提高政府的公信力和透明度，促进政务公开和民主决策。

5. 安全性

区块链技术采用了多种安全技术，确保了系统的安全性和可靠性。首先，区块链采用了密码学技术，对交易数据进行加密和签名，确保交易的真实性和完整性。其次，区块链采用了共识机制，确保所有节点对账本的一致性达成共识，防止恶意节点篡改账本。最后，区块链采用了分布式存储技术，将数据存储在多个节点上，提高了数据的安全性和可靠性。

安全性是区块链技术的重要特点之一。在金融交易、供应链管理、知识产权保护等领域，数据的安全性是至关重要的。区块链技术的安全性特点可以确保数据的机密性、完整性和可用性，防止数据被窃取、篡改或破坏。

（二）区块链技术的优势

1. 提高供应链的透明度

区块链技术可以实现供应链上各个环节的信息共享和透明化，使消费者能够清楚地了解商品的来源、生产过程、运输路径等信息。这有助于提高消费者对商品的信任度，同时也方便监管部门进行监督和管理。

在传统的供应链管理中，信息往往是不透明的，各个环节之间的信息交流存在障碍。这导致了消费者对商品的来源和质量缺乏了解，监管部门也难以对供应链进行有效的监督和管理。而区块链技术可以通过分布式账本和智能合约等技术手段，实现供应链上各个环节的信息共享和透明化。例如，通过将商品的生产、加工、运输、销售等环节的信息记录在区块链上，消费者可以通过扫描商品上的二维码或查询区块链上的信息，了解商品的详细信息，从而提高对商品的信任度。监管部门也可以通过查询区块链上的信息，对供应链进行实时监督和管理，提高监管效率。

2. 增强防伪能力

由于区块链上的数据不可篡改，因此可以将商品的唯一标识信息（如序列号、二维码等）记录在区块链上，实现商品的防伪溯源。消费者可以通过扫描商品上的标识，查询商品的真伪和来源信息，从而有效避免购买到假冒伪劣商品。

假冒伪劣商品是一个全球性的问题，给消费者的健康和安全带来了严重威胁，也给企业的声誉和经济利益造成了巨大损失。传统的防伪技术往往存在着易被伪造、难以追溯等问题。而区块链技术可以通过将商品的唯一标识信息记录在区块链上，实现商品的防伪溯源。一旦商品的信息被记录在区块链上，就很难被篡改，消费者可以通过扫描商品上的标识，查询商品的真伪和来源信息，从而有效避免购买到假冒伪劣商品。此外，区块链技术还可以实现对商品的全程追溯，从生产环节到销售环节，每一个环节的信息都可以被记录在区块链上，消费者可以清楚地了解商品的流转过程，提高对商品的信任度。

3. 降低打假成本

传统的打假方式往往需要投入大量的人力、物力和财力，而且效果并不理想。而区块链技术可以实现自动化的打假，通过智能合约等技术手段，自动检测和打击假冒伪劣商品，降低打假成本，提高打假效率。

在传统的打假过程中，企业需要投入大量的资源进行市场调查、产品检测、法律诉讼等工作，而且打假的效果往往不尽如人意。而区块链技术可以通过智能合约等技术手段，实现自动化的打假。例如，企业可以在区块链上设置智能合约，当检测到假冒伪劣商品时，自动触发报警机制，并采取相应的措施，如通知监管部门、下架商品等。这样可以大大降低打假的成本，提高打假的效率。此外，区块链技术还可以实现对打假过程的全程追溯，确保打假工作的公正、透明。

4. 促进市场公平竞争

区块链技术可以有效打击假冒伪劣商品，维护市场的公平竞争秩序，保护合法企业的利益。同时，也可以鼓励企业加强创新，提高产品质量，为消费者提供更好的商品和服务。

假冒伪劣商品的存在破坏了市场的公平竞争秩序，使合法企业的利益受到损害。而区块链技术可以通过增强防伪能力、降低打假成本等方式，有效打击假冒伪劣商品，维护市场的公平竞争秩序。这可以保护合法企业的利益，鼓励企业加强创新，提高产品质量，为消费者提供更好的商品和服务。此外，区块链技术还可以促进企业之间的合作和信息共享，提高整个行业的效率和竞争力。

5. 提高数据安全性和隐私保护

区块链技术采用了密码学技术和分布式存储技术，确保了数据的安全性和隐私保护。在传统的中心化系统中，数据往往存储在单一的服务器上，容易受到黑客攻击和数据泄露的风险。而区块链技术将数据存储在多个节点上，每个节点都拥有完整的账本副本，即使部分节点受到攻击，也不会影响整个系统的安全性。此外，区块链技术还可以通过加密技术和授权机制，保护用户的隐私信息，确保数据的安全性和隐私保护。

在当今数字化时代，数据的安全性和隐私保护越来越受到人们的关注。区块链技术的出现为数据的安全性和隐私保护提供了一种新的解决方案。通过采用密码学技术和分布式存储技术，区块链技术可以确保数据的安全性和隐私保护，防止数据被窃取、篡改或破坏。同时，区块链技术还可以通过授权机制，控制用户对数据的访问权限，保护用户的隐私信息。

6. 推动金融创新

区块链技术可以为金融领域带来新的创新和发展机遇。例如，区块链技术可以实现跨境支付的快速、安全和低成本，提高金融交易的效率和透明度。此外，区块链技术还可以应用于供应链金融、数字资产交易等领域，为金融机构和企业提供更加便捷、高效的金融服务。

金融领域是区块链技术的重要应用领域之一。区块链技术可以通过去中心化、不可篡改、可追溯等特点，为金融领域带来新的创新和发展机遇。例如，区块链技术可以实现跨境支付的快速、安全和低成本，提高金融交易的效率和透明度。此外，区块链技术还可以应用于供应链金融、数字资产交易等领域，为金融机构和企业提供更加便捷、高效的金融服务。区块链技术的出现将推动金融领域的创新和发展，为金融行业带来新的机遇和挑战。

三、区块链技术在打击假冒伪劣中的应用领域

（一）供应链管理

1. 商品溯源

（1）传统供应链溯源的困境

在传统的供应链管理中，商品的溯源往往面临着诸多困难。一方面，供应链环节众多，涉及生产、加工、运输、仓储、销售等多个环节，信息的传递和记录容易出现断层和不准确性。另一方面，传统的溯源方式主要依赖于纸质文件、条形码等技术，这些技术容易被篡改、伪造，难以保证溯源信息的真实性和可靠性。此外，不同环节的企业之间往往存在信息壁垒，信息共享困难，导致消费者难以获取完整的商品溯源信息。

（2）区块链技术在商品溯源中的应用

区块链技术可以为商品溯源提供全新的解决方案。通过将商品的生产、加工、运输、仓储、销售等环节的信息记录在区块链上，形成一个不可篡改的分布式账本。每个环节的参与者都可以将相关信息上传到区块链上，并且

这些信息一旦记录就无法被篡改。消费者可以通过扫描商品上的二维码或查询区块链上的信息，了解商品的整个生命周期，包括原材料的来源、生产过程、运输路径、销售渠道等。这样可以有效地提高商品溯源的真实性和可靠性，增强消费者对商品的信任度。

（3）案例分析

以食品行业为例，区块链技术可以实现对食品的全程追溯。从农产品的种植开始，记录种子的来源、施肥情况、农药使用情况等信息。在加工环节，记录加工工艺、添加剂使用情况等信息。在运输环节，记录运输车辆的信息、运输时间、温度等信息。在销售环节，记录销售渠道、销售时间等信息。消费者可以通过扫描食品包装上的二维码，查询到食品的完整溯源信息，从而放心购买。例如，IBM与沃尔玛合作，利用区块链技术对食品供应链进行追溯，成功将食品溯源时间从几天缩短到几秒钟，大大提高了溯源效率和准确性。

2. 物流监控

（1）物流环节中的假冒伪劣问题

在物流环节，假冒伪劣商品也容易混入其中。一些不法分子可能会在运输过程中调换货物、伪造物流单据等，以次充好，欺骗消费者。此外，物流过程中的信息不透明也给假冒伪劣商品提供了可乘之机。消费者难以了解货物的真实运输状态和位置，无法判断商品是否被调包或丢失。

（2）区块链技术在物流监控中的应用

区块链技术可以实现对物流过程的实时监控和追溯。通过在货物上安装传感器或使用物联网技术，将货物的位置、温度、湿度等信息实时上传到区块链上。同时，物流企业可以将运输车辆的信息、运输路线、运输时间等信息也记录在区块链上。这样，消费者和监管部门可以随时查询货物的运输状态和位置，确保货物在运输过程中的安全和可追溯性。如果出现货物丢失、调包等情况，可以通过区块链上的信息快速定位问题环节，追究相关责任。

（3）案例分析

马士基与IBM合作，利用区块链技术打造了一个全球贸易数字化平台。该平台可以实现对货物运输的全程监控，从货物的装载、运输到卸载，每个环节的信息都被记录在区块链上。消费者和贸易伙伴可以通过平台查询货物的实时状态和位置，提高了物流的透明度和效率。同时，该平台还可以帮助企业降低物流成本、减少文件处理时间、提高贸易合规性。

3. 库存管理

（1）库存管理中的挑战

在库存管理中，企业面临着库存积压、缺货、货物丢失等问题。传统的库存管理方式主要依赖于人工记录和盘点，容易出现错误和漏洞。此外，不同仓库之间的信息不共享也给库存管理带来了困难，企业难以准确掌握库存的实际情况。

（2）区块链技术在库存管理中的应用

区块链技术可以实现库存的实时监控和管理。通过将库存信息记录在区块链上，企业可以随时了解库存的数量、位置、状态等信息。同时，区块链技术还可以实现库存的自动化管理，当库存数量低于设定的阈值时，系统可以自动发出补货通知。此外，区块链技术还可以实现不同仓库之间的信息共享，提高库存管理的效率和准确性。

（3）案例分析

京东利用区块链技术对其商品库存进行管理。通过将商品的入库、出库、库存数量等信息记录在区块链上，实现了库存的实时监控和管理。同时，京东还利用区块链技术实现了商品的防伪溯源，消费者可以通过扫描商品上的二维码，查询商品的生产、运输、库存等信息，增强了消费者对商品的信任度。

（二）知识产权保护

1. 版权登记

（1）传统版权登记的不足

传统的版权登记方式主要依赖于政府部门或版权机构，登记流程烦琐、时间长、成本高。此外，版权登记的信息容易被篡改、伪造，难以保证版权的真实性和可靠性。一旦发生版权纠纷，版权所有者需要花费大量的时间和精力来证明自己的版权归属。

（2）区块链技术在版权登记中的应用

区块链技术可以为版权登记提供更加便捷、高效、安全的解决方案。作者可以将自己的作品信息，如作品名称、作者姓名、创作时间、作品内容等上传到区块链上，形成一个不可篡改的版权证明。区块链上的版权信息可以被全球范围内的用户查询和验证，确保版权的真实性和可靠性。一旦发生版权纠纷，版权所有者可以通过区块链上的信息快速证明自己的版权归属，维护自己的合法权益。

（3）案例分析

中国版权保护中心与安妮股份合作，推出了基于区块链技术的版权服务平台。该平台可以实现版权的快速登记、查询、验证等功能，为作者和版权所有者提供了便捷、高效的版权服务。同时，该平台还可以实现版权的交易和授权，促进版权的流通和价值实现。

2. 商标保护

（1）商标保护面临的问题

商标是企业的重要资产，但是商标的保护也面临着诸多问题。一方面，商标的注册和管理流程复杂，容易出现漏洞和错误。另一方面，商标的侵权行为难以监测和打击，一些不法分子可能会恶意抢注商标、仿冒商标等，损害企业的合法权益。

（2）区块链技术在商标保护中的应用

区块链技术可以实现商标的全程追溯和保护。企业可以将商标的注册信息、使用情况、维权记录等上传到区块链上，形成一个不可篡改的商标档案。通过区块链技术，企业可以实时监测商标的使用情况，及时发现侵权行为，并采取相应的维权措施。同时，区块链上的商标信息可以为商标的注册和管理提供更加准确、可靠的依据，提高商标管理的效率和准确性。

（3）案例分析

阿里巴巴推出了基于区块链技术的商标保护平台"鹊凿"。该平台可以实现商标的快速注册、查询、验证等功能，同时还可以实时监测商标的使用情况，及时发现侵权行为。企业可以通过平台上传商标的相关信息，形成一个不可篡改的商标档案，为商标的保护提供有力的证据。

3. 专利保护

（1）专利保护的难点

专利是企业的核心竞争力，但是专利的保护也面临着诸多难点。一方面，专利的申请和审查流程复杂，时间长，成本高。另一方面，专利的侵权行为难以监测和打击，一些不法分子可能会抄袭、模仿专利技术，损害专利所有者的合法权益。

（2）区块链技术在专利保护中的应用

区块链技术可以实现专利的全程追溯和保护。专利所有者可以将专利的申请信息、审查过程、授权情况等上传到区块链上，形成一个不可篡改的专利档案。通过区块链技术，专利所有者可以实时监测专利的使用情况，及时发现侵权行为，并采取相应的维权措施。同时，区块链上的专利信息可以为专利的申请和审查提供更加准确、可靠的依据，提高专利管理的效率和准确性。

（3）案例分析

国家知识产权局与腾讯合作，推出了基于区块链技术的专利管理平台。该平台可以实现专利的快速申请、审查、授权等功能，同时还可以实时监测专利的使用情况，及时发现侵权行为。企业可以通过平台上传专利的相关信息，形成一个不可篡改的专利档案，为专利的保护提供有力的证据。

（三）消费者权益保护

1. 商品真伪查询

（1）消费者对商品真伪的担忧

消费者在购买商品时，往往担心购买到假冒伪劣商品。传统的商品真伪查询方式主要依赖于防伪标签、查询网站等，但是这些方式容易被伪造和篡改，难以保证查询结果的真实性和可靠性。此外，消费者在查询商品真伪时，需要花费一定的时间和精力，不够便捷。

（2）区块链技术在商品真伪查询中的应用

区块链技术可以为消费者提供更加便捷、可靠的商品真伪查询方式。消费者可以通过扫描商品上的二维码或查询区块链上的信息，快速了解商品的真伪和来源信息。由于区块链上的信息不可篡改，消费者可以放心查询，确保查询结果的真实性和可靠性。同时，区块链技术还可以实现商品的全程追溯，消费者可以了解商品的整个生命周期，增强对商品的信任度。

（3）案例分析

茅台酒厂利用区块链技术对茅台酒进行防伪溯源。消费者可以通过扫描茅台酒瓶上的二维码，查询茅台酒的生产、运输、销售等信息，确保购买到的茅台酒是正品。同时，茅台酒厂还利用区块链技术实现了对茅台酒的全程监控，提高了茅台酒的质量和安全性。

2. 消费评价记录

(1) 消费评价的重要性

消费评价是消费者在购买商品或服务后对其进行的评价和反馈，对于其他消费者的购买决策具有重要的参考价值。传统的消费评价方式主要依赖于电商平台、点评网站等，但是这些平台上的评价信息容易被篡改、删除，难以保证评价的真实性和可靠性。此外，消费者在查看评价信息时，也难以判断评价的真实性和客观性。

(2) 区块链技术在消费评价记录中的应用

区块链技术可以为消费评价记录提供更加安全、可靠的解决方案。消费者可以将自己的消费评价信息上传到区块链上，形成一个不可篡改的消费评价档案。其他消费者可以通过查询区块链上的评价信息，了解商品或服务的真实质量和性能，为自己的购买决策提供参考。同时，区块链技术还可以防止商家篡改、删除评价信息，确保评价的真实性和可靠性。

(3) 案例分析

大众点评利用区块链技术对用户的评价信息进行记录和管理。用户的评价信息一旦上传到区块链上，就无法被篡改和删除，确保了评价的真实性和可靠性。同时，大众点评还利用区块链技术实现了评价的匿名性和隐私保护，用户可以放心地发表自己的评价意见，不用担心个人信息泄露。

3. 维权追溯

(1) 消费者维权的困难

当消费者购买到假冒伪劣商品或遇到消费纠纷时，往往面临着维权困难的问题。一方面，消费者需要花费大量的时间和精力来收集证据、证明自己的权益受到了侵害。另一方面，消费者在维权过程中往往面临着商家的推诿、拖延等问题，难以得到有效的解决。

(2) 区块链技术在维权追溯中的应用

区块链技术可以为消费者维权提供有力的支持。当消费者购买到商品或服务后，相关的交易信息可以被记录在区块链上，形成一个不可篡改的交易记录。如果消费者遇到消费纠纷，可以通过查询区块链上的交易记录，快速找到证据，证明自己的权益受到了侵害。同时，区块链技术还可以实现对商品或服务的全程追溯，帮助消费者了解商品或服务的来源和流转过程，为维权提供更多的线索和证据。

（3）案例分析

苏宁易购利用区块链技术对消费者的购物行为进行记录和管理。当消费者遇到消费纠纷时，可以通过查询区块链上的交易记录，快速找到证据，证明自己的权益受到了侵害。同时，苏宁易购还利用区块链技术实现了对商品的全程追溯，帮助消费者了解商品的来源和流转过程，为维权提供更多的线索和证据。

参 考 文 献

[1] 周荣金. 人工智能技术在电子商务中的应用 [J]. 电子技术, 2024, 53 (08)：280-281.

[2] 张云. 论电子商务对企业管理的影响与创新性 [J]. 中国市场, 2022 (15)：190-192.

[3] 林梓瀚, 郭丰. 人工智能时代我国数据安全立法现状与影响研究 [J]. 互联网天地, 2020 (09)：20-25.

[4] 陈晓燕. 人工智能在电子商务营销技术服务的应用 [J]. 电子技术与软件工程, 2020 (10)：44-45.

[5] 张赵辉. 探究区域链对电子商务的影响 [J]. 农家参谋, 2020 (23)：101.

[6] 唐义杰. 人工智能技术在电子商务中的应用概述 [J]. 现代商业, 2023 (10)：35-38.

[7] 钱苇宁. 人工智能在电子商务领域的应用及贡献 [J]. 中国战略新兴产业, 2024 (24)：47-49.

[8] 崔荣珈. 基于"人工智能"的电子商务大物流模式研究 [J]. 中国储运, 2023 (03)：164-166.

[9] 潘昭利. AI 赋能电子商务专业实操教学应用研究 [J]. 科学咨询, 2024 (13)：159-162.

[10] 姚剑芳, 徐美文. 人工智能技术在电子商务领域的应用研究 [J]. 产业创新研究, 2022 (13)：108-110.

[11] 王颖, 王盼. 人工智能技术的电子商务虚假评论者检测 [J]. 甘肃科学学报, 2022, 34 (01)：141-146.

［12］张华琼．大数据和人工智能在电子商务中的应用［J］．市场瞭望，2024（12）：76－78．

［13］马力．人工智能技术在电子商务领域的应用研究［J］．造纸装备及材料，2024，53（06）：112－114．

［14］吴祥．浅谈人工智能与电子商务管理［J］．中外企业家，2020（20）：77．

［15］周艳榕．基于个性化特征的电子商务智能推荐系统［J］．现代电子技术，2020，43（19）：155－158＋162．

［16］叶晗堃．电子商务智能管理与运营［M］．南京：南京大学出版社，2020．

［17］宋雯雯．面向电子商务的智能信息咨询系统［J］．计算机产品与流通，2020（04）：94．

［18］杨晓茜．人工智能技术对电子商务领域的影响探究［J］．无线互联科技，2024，21（07）：101－103．

［19］李罡．人工智能在电子商务营销技术服务的应用［J］．集成电路应用，2020，37（06）：98－99．

图书在版编目(CIP)数据

电子商务新趋势：智能时代的创新与变革/蔡玉琴著. --合肥:合肥工业大学出版社,2024. --ISBN 978-7-5650-7032-7

Ⅰ.F713.36

中国国家版本馆 CIP 数据核字第 20250VF208 号

电子商务新趋势：智能时代的创新与变革

蔡玉琴　著

责任编辑	郭娟娟	
出　版	合肥工业大学出版社	
地　址	(230009)合肥市屯溪路 193 号	
网　址	press. hfut. edu. cn	
电　话	人文社科出版中心：0551－62903200	
	营销与储运管理中心：0551－62903198	
开　本	710 毫米×1010 毫米　1/16	
印　张	15.25	
字　数	242 千字	
版　次	2024 年 12 月第 1 版	
印　次	2024 年 12 月第 1 次印刷	
印　刷	安徽联众印刷有限公司	
发　行	全国新华书店	
书　号	ISBN 978－7－5650－7032－7	
定　价	49.00 元	

如果有影响阅读的印装质量问题,请与出版社营销与储运管理中心联系调换。